Was Mutter einstens kochte

Koch- und Backrezepte

Was Mutter einstens kochte

Koch- und Backrezepte

Gewürzt und verfeinert
mit literarischen Leckerbissen und lustigen Illustrationen.

Gesammelt und zusammengestellt
von Bewohnern des Alten- und Pflegeheimes
Haus im Schelmenholz in Winnenden.

Eine Einrichtung der Evangelischen Heimstiftung e.V., Stuttgart.

Zum Geleit

Von Wilhelm Busch wissen wir, daß »ein braves Mädchen« zur Herstellung eines guten Bratens vier Dinge braucht: Seelenruhe, Innigkeit, Herzensgüte und etwas Liebe.

Diese Gaben braucht aber nicht nur der, der sich mit der Herstellung von Gaumenfreuden – die Franzosen sagen klangvoll amuse gueule – befaßt, sondern eigentlich jeder, der eine Arbeit für seine Mitmenschen tun will. Wie kann die Pflege eines kranken oder älteren Menschen ohne Herzensgüte erfolgen? Und braucht nicht auch der, der für die hauswirtschaftlichen Aufgaben zuständig ist, Seelenruhe, damit er nicht verzagt, wenn er nach soeben erfolgter Reinigung eines Platzes wieder neue Unordnung entdeckt?

Die Evangelische Heimstiftung e. V., Stuttgart, betreut in 40 Einrichtungen 5.000 Bewohner. Sie hat sich die Aufgabe gestellt, alles zu tun, um den Anforderungen einer humanen und christlichen Altenpolitik gerecht zu werden und die Bewohner der Häuser etwas Innigkeit, Herzensgüte und auch Liebe spüren zu lassen.

Bei diesem Ziel gibt es viel Gegenwind. In der öffentlichen Meinung erfahren die Mitarbeiterinnen und Mitarbeiter, die in der ebenso wichtigen wie offenen Arbeit tätig sind, viel mehr Zuspruch, als die Mitarbeiterinnen und Mitarbeiter in der stationären Altenpflege.

Politiker und Meinungsbildende verschiedener Herkunft berücksichtigen zu wenig, daß viele hochbetagte pflegebedürftige Menschen in ihren Familien einfach nicht mehr betreut werden können. Für sie ist das Pflegeheim der einzige Ort, an dem sie menschenwürdig ihren Lebensabend verbringen können.

Mit diesem vorliegenden Buch wollen wir zeigen, daß Bewohnerinnen und Bewohner unserer Häuser trotz hohen Alters sehr rege sind. Der geneigte Leser hält ein Produkt in den Händen, das in Zusammenarbeit zwischen Bewohnern und Mitarbeitern und sicherlich in guter Seelenruhe und mit etwas Liebe entstanden ist. Wir freuen uns über dieses Kochbuch und danken allen Beteiligten für ihr Engagement. Den Bewohnern und Mitarbeitern unseres Hauses im Schelmenholz wünschen wir, daß dieses Kochbuch einen genauso großen Erfolg haben möge, wie der Erzähl- und Gedichtband »Abendsonne«, der vor zwei Jahren erschienen ist.

Wir wünschen unseren Lesern viel Freude bei der Lektüre, Glück und Geschick beim Nachkochen der Gerichte und einen guten Appetit.

Albrecht Teichmann

Hauptgeschäftsführer
der Evangelischen Heimstiftung e. V.

Vorwort zum Kochbuch

Kochbücher sind nichts Besonderes. Unendlich ist die Liste der Titel. Es gibt sie für jeden Anlaß, für jede Personengruppe, für jeden Geschmack – kurzum: Für alle und alles.

Dieses Buch **ist** etwas Besonderes. Nach unserem Wissen haben hier zum ersten Mal Bewohner eines Alten- und Pflegeheimes ein Kochbuch erstellt. Das Besondere sind vielleicht nicht die Rezepte, das Besondere ist die Art und Weise des Zustandekommens eines solchen Buches. Deshalb haben wir der Entstehungsgeschichte dieses Kochbuches im Anhang einen Artikel gewidmet.

Um die Echtheit zu wahren, haben wir versucht, die Rezepte so zu lassen, wie sie von den Autoren niedergeschrieben oder erzählt worden sind. Dabei ist zu bedenken, daß die meisten Rezeptesammler ein Alter erreicht haben, das in der Fachsprache als »hochbetagt« bezeichnet wird. Einige von ihnen sind pflegebedürftig und/oder an den Rollstuhl gefesselt.

Das Wichtigste beim Erstellen dieses Kochbuches war deshalb nicht das Einhalten aller grammatikalischen Regeln, sondern die Glaubwürdigkeit der Rezepte. Daß die Mitarbeiter an diesem Kochbuch aus unterschiedlichen Regionen stammen, kommt in den verschiedenen Dialekten und Rezepten zum Ausdruck.

Soweit es geht, ist versucht worden, die Mengenangaben der modernen Küche anzupassen. Oftmals ist aber mit Absicht darauf verzichtet worden, um die Echtheit zu wahren. Zur Beruhigung des Lesers sei gesagt, daß alle Rezepte sorgfältig nachgekocht wurden.

Die Rezeptesammlung heißt »Was Mutter einstens kochte«. Wenn man bedenkt, wie alt die Menschen sind, die an dem Buch mitgearbeitet haben, kann man sich leicht ausrechnen, daß die Mütter dieser Personen alle im vorigen Jahrhundert geboren sind. Damals bestimmten noch nicht Ernährungswissenschaftler den Speiseplan.

Aufgelockert wird dieses Rezeptbüchlein durch literarische Leckerbissen zum Entspannen, zum Schmunzeln und zum Lachen, was ja bekanntlich den Appetit kräftig anregt!

Wir danken allen Bewohnern und Mitarbeitern des Hauses im Schelmenholz für ihre Hilfe und ihr Interesse an dem Projekt. Besonders danken wir Magdalene Schwab und Eveline Mayer für ihre Geduld und ihr Engagement bei der Erstellung des Buches. Auch danken wir Dorothea Layer-Stahl, die die Karikaturen zum Kochbuch geliefert hat. Die Mitarbeiter dieses Kochbuches sind für jede Anregung aus dem Leserkreis dankbar.

Diakon Ralf Oldendorf
Heimleiter

Sieglinde Gebhardt
geb. Roscher
Heimbewohnerin

In dieser Reihe sind bisher folgende Bücher erschienen

Das Kochbuch

»Was Mutter einstens kochte«

Das Backbuch

»Aus Omas Backstube«

Der Erzählband

»Abendsonne«

Inhalts-verzeichnis

Vegetarische Rezepte: Seite

Aus einem Puppenkochbuch:

Kuchenrezepte:

Kleingebäck:

Dreierlei Braten

4 Personen

4 Scheiben à 100 g Ochsenfleisch, 4 Scheiben à 100 g Schweinefleisch, 4 Scheiben à 100 g Kalbfleisch, 2 feingeschn. Zwiebel, 1/2 Bd. feingeschn. Petersilie, etwas Senf, Salz, Pfeffer, Fett oder Öl zum Anbraten, 1/4 l Weiß- oder Rotwein.

1 Ochsenfleischscheibe mit Senf bestreichen, Zwiebel und Petersilie vermischt draufgeben, 1 Scheibe Schweinefleisch drauflegen, würzen, 1 Scheibe Kalbfleisch drauflegen, alle 3 Scheiben fest zusammenrollen und mit Bindfaden umwickeln.

Man verfahre mit den anderen Fleischscheiben ebenso, so daß man 4 große Rouladen hat.
Die Rouladen im Fett oder Öl im großen Topf anbraten mit 1/4 l Wasser ablöschen, ca. 1 1/2 Std. dämpfen. Von Zeit zu Zeit verkochtes Wasser ergänzen. Zum Schluß Soße würzen und mit 1/4 l Wein verfeinern.

Wilhelm Busch sagt:

Es wird mit Recht ein guter Braten
gerechnet zu den guten Taten.
Und daß man ihn gehörig mache,
ist weibliche Charaktersache.

Ein braves Mädchen braucht dazu
mal erstens reine Seelenruh,
daß bei Verwendung der Gewürze
sie sich nicht hastig überstürze.
Dann zweitens braucht sie Sinnigkeit,
ja, sozusagen Innigkeit,
damit sie alles appetitlich,
bald so, bald so und recht gemütlich
begießen, drehn und wenden könne,
daß an der Sache nichts verbrenne.
In Summa braucht sie Herzensgüte,
ein sanftes Sorgen im Gemüte,
fast etwas Liebe insofern
für all die hübschen, edlen Herrn,
die diesen Braten essen sollen
und immer gern was Gutes wollen.

Ich weiß, daß hier ein jeder spricht:
ein böses Mädchen kann es nicht.

Drum hab ich mir auch stets gedacht
zu Haus und anderwärts:
Wer einen guten Braten macht,
hat auch ein gutes Herz.

Steckrüben-Eintopf

Nordrhein-Westfalen

1 mittelgroße Steckrübe, 250 g geräucherten Speck, 250 g Schweinerippchen, 300 g Rindfleisch (Siedfleisch), Zwiebel, Pfeffer, Salz und 1 kg Kartoffeln.

Die geschälte Rübe in kleine Würfel oder Stifte schneiden und abbrühen. Mit neuem Wasser, mit Zwiebel, Speck, Rippchen und dem Siedfleisch garkochen. Pfeffer und Salz zufügen.
Die Kartoffeln werden weichgekocht und zerdrückt unter das fertige Rübengericht gehoben.
Dieses Gericht soll keine Suppe werden; es muß mit der Gabel gegessen werden.

Grünkohl-Eintopf

Nordrhein-Westfalen

Ca. 1 kg Grünkohl, 1 Zwiebel, Pfeffer, Salz, 250 g geräucherten Speck, 250 g Schweinerippchen, 4 Saitenwürstchen und 1 kg Kartoffeln.

Den von den Stielen befreiten Kohl abbrühen, dann mit neuem Wasser, mit Zwiebel, Speck und Rippchen garkochen.
Später Würstchen dazugeben, Pfeffer und Salz nach Geschmack. Nochmals aufkochen.
Die Kartoffeln werden weichgekocht und zerdrückt unter den fertigen Kohl gehoben.

Dieses Gericht soll keine Suppe werden. Es muß mit der Gabel gegessen werden.

Große Schlangen gibt's in Indien,
doch die Hindus nimmer bangen,
täglich sie mit Todesmut die
stangenlangen Schlangen fangen.

Bei Benares sind die Auen
heilig seit den ält'sten Zeiten;
heil'ge Kühe rings auf den ge-
weihten, weiten Weiden weiden.

Rasen unter Persiens Sternen,
deine Rosen hör ich preisen;
Könnt' ich doch nach dir, dem fernen
Riesen-Rosen-Rasen reisen.

Hörte einst, fast mußt ich weinen,
Bläser, die so wohlgeraten,
als ob's Kinder just auf kleinen
Tüten täten, tuten taten.

Lauschte einst 'nem Hirtenmädchen,
hörend, daß es Liese hieße.
Wollte, daß noch heut auf jener
Wiese diese Liese bliese.

Was ich gestern in der Dämm'rung
wirklich sah, ist nicht zu glauben!
Ja, da sah ich, lauschend hinter
Reben, Raben Rüben rauben.

Heuer nicht nach Karlsbad ging ich,
auch der Grund sei gleich verraten;
alle meine Ärzte mich in
Baden-Baden baden baten.

Bleib, mein Freund, um Himmels willen
fern den Straßen, die da stauben!
Leute, die sich gern am stillen
Leben laben, lieben Lauben.

Gaisburger Marsch

4 Personen

400 g Rindfleisch, 2 Fleischknochen, 1 1/2 l Wasser, 400 g Kartoffeln, 400 g Spätzle, 1 Lauchstange, 1/2 Sellerie, 1 gelbe Rübe, 2 Zwiebel, 50 g Butter, Salz, Muskat, Pfeffer.

Grundrezept Spätzle: 500 g Mehl, 4 – 5 Eier, 1 Teelöffel Salz, evtl. 2 Eßlöffel Wasser.

Rindfleisch, Fleischknochen, kleingeschnittenes Gemüse im Wasser weichkochen.

Gleichzeitig die Kartoffeln extra weichkochen. Dann die Knochen abseihen, Fleisch in Würfel schneiden, mit den Kartoffelwürfeln wieder zugeben in die Brühe. Kleingeschnittene Zwiebel in der Butter andünsten, dazugeben, mit Gewürzen die Brühe abschmecken.
Zum Schluß die Spätzle auch zugeben.

Spätzle: Mehl, Eier und Salz vermengen, den Teig schlagen, bis er Blasen wirft. Ist er zu fest, etwas Wasser zugeben. Teig mit dem Löffel in die Spätzlesmaschine geben, Teig in kochendes Salzwasser drücken, abseihen und kurz mit Wasser abschrecken.

Früher, zur Zeit der »Kochkisten«, bediente man sich auf dem Lande praktischerweise des dicken Federbettes als Warmhaltequelle für das Essen.

Wilhelm Busch
hat es treffend beschrieben:

»In dem Bette, warm und schön,
sieht man eine Schale stehn.

Nämlich, dieses weiß ein jeder:
Wärmehaltig ist die Feder.

Hat man nun das Mittagessen
nicht zu knappe zugemessen,

und, gesetzt den Fall, es wären
von den Bohnen oder Möhren,

oder meinetwegen Rüben,
ziemlich viel zurückgeblieben,

dann so ist das Allerbeste,
daß man diese guten Reste

aufbewahrt in einem Hafen,
wo die guten Eltern schlafen,

weil man, wenn der Abend naht,
dann sogleich was Warmes hat.

Ente auf Chinesisch

aus Westpreußen
für 4 Personen

1 junge Ente, 2 Eßl. Butter, 1 Zwiebel, Salz und Pfeffer, 2 Tomaten, ca. 100 g Pilze, 1 Paprika, 1/2 frische Ananas oder 1 kl. Dose.

Die Ente zurichten, Kopf, Flügelspitzen und Füße abhacken. Innen und außen mit Salz und Pfeffer einreiben.

Gefüllt oder ungefüllt in der heißen Butter mit der zerschnittenen Zwiebel auf allen Seiten anbraten, mit Fleischbrühe oder Wasser ablöschen und zugedeckt weichdämpfen.

Ist die Flüssigkeit verdampft, die Ente von Zeit zu Zeit wenden und begießen, bis sie gar und knusprig ist,

oder: wenn sie fast gar ist, auf den Rost legen, mit Butter oder Fett übergießen und knusprig braten. (Bratzeit für eine junge ungefüllte Ente etwa 1 Stunde).

Alles Fleisch von den Knochen lösen und zerkleinern. Mit Tomaten, Pilzen und etwas Paprika schmoren lassen. Zuletzt Ananasstücke dazugeben und mitschmoren lassen.

Das Unwetter

Gewitter mit Hagel und Wolkenbruch
ging nieder gleich einem Götterfluch
gerade über dem Streifen Land,
wo Jochens Hühnervoliere stand.

Voll Trauer steht der Jochen nun
vor seiner Farm, kein einzig Huhn
ist lebend hier zurückgeblieben,
tot schwimmen sie im Graben drüben.

Der Bauer Dähm kommt auch heran
und sieht sich diesen Schaden an.

»Das hat« seufzt Jochen »über Nacht
zum armen Manne mich gemacht.
Was ich mir mühevoll gezüchtet,
das ist mit einem Schlag vernichtet.
Es hat mich wirklich schwer betroffen,
daß alle Hühner sind ersoffen!«

»Tja«, sagt darauf der Bauer Dähm,
»da mußten Se ähm Äntn nähm!«

(sg)

Schwäbische Leberknödel

250 g gehackte Leber, 2 eingeweichte und dann ausgedrückte Wecken (Semmeln), 3 Eier, 3 Löffel Mehl, 1 glasig gedämpfte Zwiebel, Pfeffer, Salz und Muskat.

Alles gut zusammenkneten. 10 Minuten Kochzeit. Es wird empfohlen, einen Probeknödel zu machen, um evtl. ausgleichen zu können.
Ganz leise kochen.

Lungenhaschee

750 g Lunge und Herz, 1 Zwiebel, 1 Lorbeerblatt, 2 Gewürzkörner, Salz, 60 g Margarine, 60 g Mehl, Zitronensaft und Zucker.

Herz und Lunge waschen, mit den Gewürzen und Salz mit Wasser aufsetzen und garkochen. Anschließend fein hacken oder durch den Wolf drehen.

Aus Margarine, Mehl, 3/4 l von der Brühe eine Mehlschwitze bereiten und dann die Masse von Herz und Lunge hineingeben und durchziehen lassen. Mit Zitronensaft und Zucker abschmecken. Dazu werden Kartoffeln gegessen.

Der süße Brei

ein Märchen der Gebrüder Grimm

Es war einmal ein armes, frommes Mädchen, das lebte mit seiner Mutter allein, und sie hatten nichts mehr zu essen.

Da ging das Kind hinaus in den Wald, und begegnete ihm da eine alte Frau, die wußte seinen Jammer schon und schenkte ihm ein Töpfchen, zu dem sollt es sagen »Töpfchen koche«, so kochte es guten, süßen Hirsenbrei, und wenn es sagte »Töpfchen steh«, so hörte es wieder auf zu kochen.

Das Mädchen brachte den Topf seiner Mutter heim, und nun waren sie ihrer Armut und ihres Hungers ledig und aßen süßen Brei so oft sie wollten. Auf eine Zeit war das Mädchen ausgegangen, da sprach die Mutter »Töpfchen koche«, da kocht es und sie ißt sich satt; nun will sie, daß das Töpfchen wieder aufhören soll, aber sie weiß das Wort nicht.

Also kocht es fort, und der Brei steigt über den Rand hinaus und kocht immer zu, die Küche und das ganze Haus voll, und das zweite Haus und dann die Straße, als wollt's die ganze Welt satt machen, und ist die größte Not und kein Mensch weiß sich da zu helfen.

Endlich, wie nur noch ein einziges Haus übrig ist, da kommt das Kind heim und spricht nur »Töpfchen steh«, da steht es und hört auf zu kochen; und wer wieder in die Stadt wollte, der mußte sich durchessen.

Suppe à la Reine

oder

Königinsuppe

Österreich
8 - 10 Personen

Ein altes Huhn, 500 g Kalbfleisch, 250 g gekochten Schinken, 2 mittelgroße Zwiebeln, 2 gelbe Rüben, etwas Petersilie, eine halbe Sellerienwurzel, 7 Eier, Salz, Muskat, 2 Milchbrötchen und Fleischbrühe.

Dieses alles wird zusammen nebst Salz und einem Stückchen ganze Muskatblüte in eine Kachel getan, mit Wasser oder Fleischbrühe zugesetzt und langsam gekocht bis alles recht weich ist. Dann wird das Huhn herausgenommen, das Hautige davon getan, das Fleisch von den Knochen abgelöst.

Das Gelbe von 6 hartgesottenen Eiern dazugegeben, beides gehackt in einen Mörser genommen und gestoßen.

Die Brühe gießt man durch ein Sieb in eine Kachel, tut das Gestoßene nebst zwei Milchbrötchen dazu und läßt es zusammen kochen. Hierauf treibt man es durch ein Haarsieb, verrührt 1 Eidotter mit der durchgetriebenen Suppe und läßt sie unter beständigem Rühren so lange anziehen, bis sie recht heiß ist, alsdann wird sie, ohne mehr etwas daran zu tun, angerichtet.

Dürre Erbsen

Wenn die Erbsen nicht weich kochen, setzt man ein kleines Stückchen Soda zu oder man bindet einen Eßlöffel durchgesiebte, gute Buchenasche in reine Leinwand und setzt sie gleich mit den Erbsen zu, dann werden sie weich. Das nämliche ist auch bei den Linsen zu beachten.

Stockade von Ochsen- oder Rindfleisch

Österreich
12 Personen

6 Pfd. Ochsenfleisch vom Schlachtbraten (Filet), 6 Sardellen, Knoblauch, feine Kräuter, 100 g Speck, 100 g Schinken, 4 große Zwiebeln, Petersilienwurzel, 1/2 Zitrone, 3 Gewürznelken, 4 Pfefferkörner, 4 Schnitten geröstetes (gebähtes) Brot, 1/2 Liter Rotwein und 1/4 Liter Essig.

Man klopft und wäscht das Fleisch, hackt die gewässerten und ausgegräteten Sardellen, ganz wenig Knoblauch und etwas feine Kräuter ganz klein, sticht mit einem Messer Öffnungen in das Fleisch, steckt das Gehackte hinein und salzt den Braten.

Hierauf legt man in eine Kasserolle einige Scheiben Speck und Schinken, die großen in Scheiben geschnittenen Zwiebeln, einige Petersilienwurzeln, die in Scheiben geschnittene ausgekernte Zitrone, die Gewürznelken, Pfefferkörner und die Schnitten geröstetes (gebähtes) Brot, legt das Fleisch darauf, gießt den Rotwein mit dem Essig darüber, deckt das Geschirr wohl zu und läßt das Fleisch etwa 3 – 4 Stunden langsam fortdämpfen, bis es weich ist.

Nun gießt man die Sauce durch ein Haarsieb, schöpft das überflüssige Fett ab, läßt die Sauce an dem Fleisch noch einmal aufkochen und gibt es zu Tische.

Saure Kartoffelrädle

Schwabenland
für 4 Personen

1 kg Kartoffeln, 30 g Fett, 50 g Mehl, 1 Eßlöffel geschnittene Zwiebeln, 3/4 Liter Wasser, 1 Prise Salz, 3 Eßlöffel Essig,
nach Belieben: 1 Nelke, 2 Lorbeerblätter, und etwas Liebstöckel.

Die Kartoffeln kochen und in Scheiben schneiden. Aus dem Fett, Mehl und Zwiebeln eine Einbrenne zubereiten, die mit Wasser und den anderen Zutaten aufgefüllt wird und noch 25 Minuten durchkochen muß.

Nachdem das Lorbeerblatt und die Nelke herausgenommen wurden, werden die warmen Kartoffelscheiben beigefügt und noch kurze Zeit gekocht.

Dazu passen Saitenwürstchen oder Rote Würste. Wer mag, kann noch dazu Spätzle servieren.

Saitenwürstchen-Cancan

Schlesisches Sauerkraut

4 Personen

**500 g Sauerkraut, 1 große Zwiebel,
1/4 Teelöffel weißer Pfeffer, 1/2 Teelöffel Kümmel,
1/4 l Bouillon, Weißwein oder Wasser,
100 g geräucherten Speck, 70 g Fett oder Öl.**

Die Zwiebel und den Speck kleinschneiden und im Fett andünsten, das Sauerkraut zugeben und ca. 10 Min. mitdünsten.

Dann mit Wasser, Weißwein oder Bouillon ablöschen, mit Pfeffer, Kümmel evtl. Salz würzen. Kraut vom Faß muß noch ca. 15 Min. weitergaren!

Sauerkraut-Auflauf

Sachsen

**450 g Sauerkraut, 300 g Hackfleisch,
ca. 200 g Kartoffeln, Zwiebeln, Salz und Pfeffer.**

Eine feuerfeste Schüssel gut ausfetten, mit Sauerkraut belegen, dann eine Schicht Gehacktes, mit Zwiebel, Salz und Pfeffer würzen.

Dann eine Schicht gekochte, in Scheiben geschnittene Kartoffeln,dann wieder Sauerkraut, Gehacktes, Kartoffeln.
Kochzeit ca. 1/2 Stunde – nicht zu starkes Feuer.

Das Metzelsuppenlied

Ludwig Uhland

Wir haben heut' nach altem Brauch
ein Schweinchen abgeschlachtet.
Der ist ein jiddisch heikler Gauch,
der solch ein Fleisch verachtet.

Es lebe zahm' und wildes Schwein,
sie leben alle – groß und klein –
die Blonden und die Braunen!

So säumet denn, Ihr Freunde, nicht,
die Würste zu verspeisen,
und laßt zum würzigen Gericht
die Becher fleißig kreisen!

Es reimt sich trefflich Wein und Schwein
und paßt sich köstlich Wurst und Durst.
Bei Würsten gibt's zu bürsten!

Auch unser edles Sauerkraut!
Wir wollen's nicht vergessen.
Ein Deutscher hat's zuerst gebaut,
drum ist's ein deutsches Essen.

Wenn solch ein Fleischchen weiß und mild
im Kraute liegt, das ist ein Bild
wie Venus in den Rosen.

Und wird von schönen Händen dann
das schöne Fleisch zerleget,
das ist, was einem deutschen Mann
gar süß das Herz beweget.

Gott Amor naht und lächelt still
und denkt nur, daß, wer küssen will,
vorher den Mund sich wische.

Ihr Freunde, tadle keiner mich,
daß ich von Schweinen singe,
es knüpfen Kraftgedanken sich
oft an geringe Dinge.

Ihr kennet jenes alte Wort,
Ihr wißt, es findet hier und dort
ein Schwein auch eine Perle!

Eier Josephine

Frankreich

110 g Butter, 50 g Mehl, 1/4 Liter Milch (in die man später 2 Eidotter quirlt), 100 g Schinken und Parmesankäse nach Belieben.

Wichtig ist, erst die Butter zerlassen, dann das Mehl dazu und unter dauerndem Rühren die Milch zugießen, dann vom Feuer nehmen. Die Sauce muß dicklich sein. Danach die Eidotter hinzugeben. Feingehackten Schinken und Parmesankäse dazu und je nach Wunsch... »Verlorene Eier« hinzugeben. Die Sauce muß die Eier überdecken, dann nochmal Parmesankäse und Butterflocken daraufstreuen und 5 Minuten aufs Feuer setzen.

Eierklößchen Jakobiner

Österreich

6 Eier, Salz, Muskatnuß, 1/2 Liter Fleischbrühe und Butter.

Man schlägt die Eier mit etwas Salz und Muskatnuß kräftig untereinander, gießt nach und nach die Fleischbrühe dazu und läßt es in einer glatten, mit Butter bestrichenen Form gut zugedeckt 1/2 Stunde im Wasserbad oder einem Topf mit siedendem Wasser stehen.

Ist die Masse fest genug, sticht man die Klößchen aus und legt sie auf Krebs- oder andere Suppen.

Es war einmal ein Zauberlein in Mek-Mek-Mek-Mekka,
ja, wie das Kerlchen zaubern konnt', das war noch niemals da.
Er zaubert Esel, Schaf und Küh aus einem roten Parapluie,
das einst an einem Sommertag im Wüstensand verloren lag.

Er zaubert Palmen riesengroß aus seiner Ha-Ha-Hand.
Er warf ein Ei zum Himmel nauf, allwo das Ei verschwand.
Und fünf Minuten später dann fing's dottergelb zu regnen an.
Ei ei ei ei, wie sonderbar, wer weiß, was das für Zauber war.

Der Sultan war ein Wüterich, der hatte nun befohl'n,
der Großwesir und hundert Mann, die soll'n den Kerl da hol'n.
»Den schafft ihr schleunigst mir ins Haus, dem treib ich schon den Teufel aus!«
Da fanden sie das Zauberlein beim Mittagsschlaf im Dattelhain.

Der Zaubrer mit dem Parapluie mußt' mit aufs Sultansschloß,
allwo das Wasser ihm im Mund sogleich zusammenfloß.
Der Sultan macht' ein bös Gesicht: »Mein lieber Freund, ich spaße nicht,
nun zaubre, was noch niemals da und was die Welt noch niemals sah.«

Das Zauberlein spuckt' in die Hand und spannt sein Parapluie
und zauberte daraus im Nu ein feistes Ochsenvieh.
Doch wütend rief der Sultan gleich: »Das ist doch alles altes Zeug!«
Er faßte seines Schwertes Knauf: »Mein Freund, ich schlitz dir's Bäuchlein auf!«

Das Zauberlein sah wunderhold zur Sultanine hin,
in deren Augen Funkelgold die Sonne glänzend schien.
Er sprang ihr an den roten Mund und küßte ihr die Lippen wund,
dann lachte er ha-ha-ha-haa, ja, sowas war doch noch nicht da!

Dann spannt' er seinen Parapluie, das Sultansweib verschwand.
Dem Sultan wurde angst und schwül, ihm wurde allerhand.
»Ach, hol sie wieder«, rief er dann und bettelte den Zaubrer an.
Der hat sie in derselben Nacht – – – – dem Sultan wieder hingebracht.

(W. Johndorf)

Gemischtes mit Kürbisgemüse

für 2 Personen

250 g Schweinekamm-Kotelette, 100 g frische ungarische Paprika-Bratwurst, 1 Zehe Knoblauch, 1 Speisekürbis, 1 Zwiebel, 1 Bund Sellerieblätter, 1 Eßlöffel Mehl, 1/2 Becher süße Sahne, Salz, Pfeffer und Knoblauch.

Das Fleisch salzen und pfeffern, es dann anbraten. Etwas Wasser daraufgeben und weichdämpfen.

Nach halber Zeit Bratwurst darauflegen und Knoblauch in Würfel oder kleinen Scheiben darüberstreuen.

Speisekürbis schälen, aushöhlen, nudelig schneiden, dazu Salz, Essig, Zwiebel, Sellerieblätter und wenig Wasser geben, eine 1/2 Stunde kochen und nachher auf ein Sieb schütten und abtropfen lassen. Unterdessen das Mehl und die süße Sahne verrühren, den Kürbis in den Topf zurückgeben. Sahne und Mehl darüber geben und kurz aufkochen.

In Ermangelung des Speisekürbis (heimatliche längliche weiße oder gelbe Frucht) eignet sich auch die ausgewachsene Zucchini.

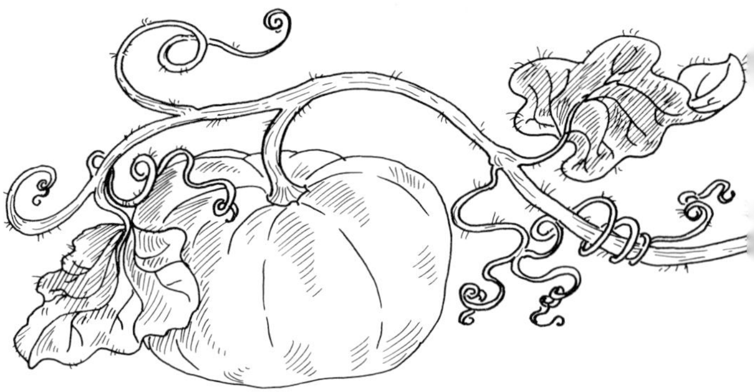

Rindspaprikasch mit Kartoffeln

für 2 Personen

400 g Rindfleisch, 3 Eßlöffel Fett, 2 große Zwiebeln, 2 Eßlöffel süßen Paprika, 1 Teelöffel scharfen Paprika, Salz, 2 Tassen Wasser und 4 große Kartoffeln.

Fett und die grob geschnittenen Zwiebeln in die Pfanne geben und glasig dämpfen. Vom Feuer nehmen, Paprika dazugeben, das gewaschene und in Würfel geschnittene Fleisch daraufgeben, Salz und Wasser darüberschütten und eine Stunde langsam kochen.

Die Kartoffeln schälen, einmal durchschneiden, nach der Stunde Kochzeit auf das Gulasch legen, Salz und Paprika darüberstreuen und noch eine halbe Stunde weiterkochen.

Gefüllte Tomaten

Frankreich

Tomaten, gekochte Eier, Kräuter, Butter, Salz, Pfeffer und Zwiebelringe.

Von nicht zu reifen Tomaten ein Käppchen abschneiden, die Tomaten aushöhlen und mit folgendem Gemisch füllen:
Gekochte Eier kleinschneiden, gehackte Kräuter, die man gerade hat, etwas Butter, wenig Salz und Pfeffer, das Ausgehöhlte der Tomaten auch kleinschneiden und vermischen.

Dann das abgeschnittene Käppchen daraufsetzen. Das Käppchen vorher mit 4 Löchern versehen und dahinein halbe Zwiebelringe stecken.
Dann wird das Ganze in einem Tiegel in wenig Fett mehr erhitzt als gebraten.

Man serviert sie mit Kartoffeln, Kartoffelsalat oder Reis.

Sachsen essen leidenschaftlich gern Tomaten

De Domade

Allerhand Gemüsearten
habe ich im Schrebergarten;
doch mit ganz besondrer Liebe
züchte ich Domadentriebe.

Meist so um de Midde Mai,
wenn de Weinmörder vorbei,
hole ich beim Gärtner Hansen
sechzig scheene kräft'ge Pflanzen,
und die setz ich in de Erde
mit ä bissel Mist vom Pferde,
den ich stets auf Vorrat habe.
Hör'n Se 's is ne Goddesgabe,
wenn mr am Verkehrschdurm wohnt.
Und mr sieht, daß es sich lohnt,
denn dem Lumpenmann sei Habbel*
stoppt das fröhliche Gedrabbel,
wenn's das rote Licht erblickt.
Und schon oft ist es geglückt,
daß es, weil's off Grün muß warten,
die Verdauung bringt zum Starten.
Aus dr Küche kann ich's sehn,
und im Nu isses geschehn:
Eimer, Schaufel und en Besen
und die Dinger offgelesen.
Über uns, der alte Knauer,
der liegt ooch oft auf der Lauer;
manchmal sind wir da zu zwein,
doch mir teil'n uns friedlich rein.

(* = ein kleines Pferd)

Wie gesagt, mir sin Domaden
noch in keinem Jahr mißraten.
Freilich tu ich sie ooch pflegen,
denn von Sonne, Mist und Regen
wer'n se ooch nicht ganz alleene
fast so groß wie Quadersteene.
Ach, und wenn se sich dann röten,
dann versteh ich wirklich Goethen,
der 'ne südliche Romanze
machte of de Pomeranze!

Herrlich schmecken se vom Strauch
gleich so roh, doch aber auch
als Gemüse und Püree.
Is mr mal, herrjemine,
mit dem Aufstrich in der Klemme
und hat gar nischt off de Bemme,
nich emal ä bissel Quark,
da hilft bloß Domadenmark!

Sind im Herbst die Wärmegrade
nich mehr gut für de Domade,
lege ich die grünen fein
als pikante Gurken ein.
Wenn ich die mit Ess'g und Dille
in die Einweckgläser fülle
und ganz flüchtig überschlage,
was mir diese Sommertage
an Domaden eingebracht,
mir das Herz im Leibe lacht.
Nich umsonst heißt's: »Jedes Dierchen
hat auf Erden sein Pläsierchen!«
Meins, das is nu eben grade
ausgerechnet **de Domade!** (sg)

Irish Stew

beliebtes Gericht
aus Mecklenburg
ca. 6 Personen

1 kg Hammelfleisch, 1 kg Weißkraut, Salz, weißer Pfeffer, Kümmel, 100 g Zwiebel

Das Hammelfleisch im Wasser weichkochen – kleinschneiden. Weißkraut im ganzen weichkochen.
In einem großen Topf einzelne Lagen schichten, also Fleisch dann Krautblätter, Fleisch usw.
Dazwischen gut würzen, die kleingeschnittenen Zwiebeln dazwischengeben. Das Ganze mit ca. 1/4 l Brühe (vom Fleischkochen) übergießen und im mittelheißen Rohr nochmals kurz ziehen lassen.
Als Variante nehme man anstatt Kraut
1 kg Kartoffeln, gekocht und in Würfel geschnitten.

Russisch Borschtsch

4 – 6 Personen

500 g Fleisch (Rind und Kalb), 2 rote Rüben (Bete), 1 – 2 Zwiebeln, ca. 500 g Weißkraut, 4 Tomaten, 4 – 6 Kartoffeln, 1 Zehe Knoblauch, 2 – 3 Karotten, Petersilie, Salz, Pfeffer, 1 Becher Sauerrahm, 100 g Butter oder Schmalz.

Das Fleisch in 1 l Wassser beinahe weichkochen. Kraut kleinschneiden, in der Butter oder Schmalz dünsten bis es weich ist. Rote Bete, Karotten, Kartoffeln schälen und würfeln, Tomaten mit heißem Wasser übergießen und enthäuten und vierteln, dann das gesamte Gemüse samt kleingeschnittenen Zwiebeln und Knoblauch zum Fleisch in die Brühe geben und auf kleiner Flamme weiterkochen.
Das Fleisch in Würfel schneiden, die Brühe würzen und abschmecken. Den Sauerrahm extra in einem Schälchen dazureichen.

Himmel und Erde mit Blutwurst

Ein kölnisches Gericht
4 Personen

Himmel *= die Äpfel – Apfelmus*
Erde *= die Kartoffeln – Kartoffelbrei*

1 kg Kartoffeln, etwas Salz (ca. 1/2 Teelöffel), 100 g Butter, ca. 1/4 l Milch, 750 g Äpfel, 5 Eßl. Wasser, 100 g Zucker, 4 Scheiben Blutwurst.

Kartoffelbrei: Die Kartoffeln weichkochen, schälen und durch die Presse drücken. Butter, heiße Milch und Salz zugeben und solange rühren, bis der Brei weiß und schaumig wird.

Apfelmus: Die Äpfel schälen, entkernen und kleinschneiden. In dem Wasser weichkochen, dann durch ein Sieb streichen und den Zucker unterrühren.

Das Apfelmus und den Kartoffelbrei untereinanderrühren, die Blutwurstscheiben in einer Pfanne anrösten und auf den zusammengemischten Brei legen.

Gezupfte Klöße

6 Wecken, 185 g Butter, 6 Eier, Salz, Muskat und Fleischbrühe.

Aus den Wecken zupft man das Weiche zu ganz kleinen Brosamen. Wenn diese in einer Schüssel sind, wird die zerlassene Butter darübergegossen. Nun läßt man es ein wenig erkalten, schlägt die Eier daran, rührt es leicht, tut Salz und Muskat dazu und legt die Klöße in kochende Fleischbrühe ein.
Ca. 10 Minuten ziehen lassen.

Hefe-Klöße

1 kg Mehl, 125 g Butter, 1 Ei, 1 Prise Salz, 1 Kaffeelöffel Zucker, 3/8 l Milch und Hefe für 1 kg Mehl.

Hefe in lauwarmer Milch mit dem Zucker und einem Kaffeelöffel Mehl verquirlen, zudecken und aufgehen lassen. Danach den Teig machen. Butter auch lauwarm zerlaufen lassen und in den Teig geben. Den Teig glatt schlagen. 1 Stunde an einem warmen Ort gehen lassen, zusammenschlagen und ausformen so groß wie Dampfnudeln. Wieder an einem warmen Ort 1/2 Stunde gehen lassen. Dann über einen Topf mit Rand 3/4 voll Wasser eine Serviette spannen, mit einer Schnur festbinden, zum Kochen bringen, Teigstücke darauflegen, eine Schüssel über den Topf geben und 8 Minuten kochen lassen. Mit einer Gabel abheben, mit zwei Gabeln essen (zerreißen). Dazu Pflaumenmustunke und braune Butter. Pflaumenmus mit Wasser auflösen, Zitronenschale mit aufkochen, etwas Zucker, ein Stück Butter und etwas Kartoffelmehl einrühren und aufkochen.

Bitte zu Tisch!

„Nu weene nur nich,
nu weene nur nich,
in dr Röhre stehn Klöße,
de siehst se bloß nich!“

Schlesische Klöße

500 g gekochte Kartoffeln, Salz, 1 Ei, 1 Eßlöffel Grieß und 3 Eßlöffel Mehl.

Die gekochten Kartoffeln mit der Spatzenmaschine durchdrücken. Mit einem Löffel die Zutaten zu einem Teig verarbeiten. Danach die Knödel formen.

In einer Schüssel werden die Knödel mit etwas Mehl bestäubt und noch etwas darin gewendet.

8 Minuten in Salzwasser ziehen lassen.

Hefe-Knödel

Böhmerwald

500 g Mehl, 1 Ei, 25 g Hefe, 1/4 l warme Milch, 1 Prise Salz, (kein Fett).

Das Mehl in eine Schüssel geben, Ei und Salz dazu, die Hefe in der warmen Milch auflösen, zum Mehl geben und einen glatten Teig arbeiten, das Mehl muß sich ganz von der Schüssel lösen.

Mit dem Löffel Teigstücke abnehmen, Knödel formen und im kochenden Salzwasser ca. 15 Min. ziehen lassen.

Variante:
Böhmische Pflaumenknödel
Hierzu in jeden Knödel eine in Zucker gedrehte Pflaume stecken. Die fertigen Knödel in Zucker und Zimt drehen.

Klöße

Nicht alles das, was rund geformt,
ist auf den Namen »Kloß« genormt.

Wie dehnbar ist zum Beispiel bloß
schon die Bezeichnung »Trauerkloß«.

Manch einens Kopf ist kugelrund,
das ist noch absolut kein Grund,

um ohne weiteres zu sagen:
Der trägt 'nen Kloß auf seinem Kragen!

Und andrerseits mit Kloß benennt
man manches, das als schlank man kennt,

denn der Patroklos bei Homer
war keine Kugel, bitte sehr!

Nur **Klos**terbrüder sind mitunter
in reifren Jahren etwas runder.

Ja, leider ist der Erdenkloß
zwar rund, doch nicht genügend groß!

Der Köchin ist's nicht schwer gewesen,
sehr einfach das Problem zu lösen:

Kartoffeln sie mit Mehl vermengte
und zwischen Hand und Fingern zwängte

sie dies zu Kugeln gleicher Größe.
Nur das allein sind echte Klöße! (sg)

Heidenheimer Klöße

Österreich

4 altbackene Wecken, Milch, 30 g gehackte Zwiebel, 30 g Butter, Petersilie, 1 Stange Lauch, Salz, Pfeffer, Muskat, 8 Eier, 250 g Mehl und Schmalz.

Die Wecken schneidet man in Würfel, gießt siedende Milch darüber, so viel die Würfel aufnehmen.

Unterdessen dämpft man die Zwiebel in der Butter, ebenso Petersilie und Lauch, tut dieselben zu den Wecken mit Salz, Pfeffer und Muskat, quirlt in einem Topf die Eier, die nun an die Wecken geschüttet und mit diesen wohl durcheinandergerührt werden.

Zuletzt wird das Mehl vorsichtig eingemengt, faustgroße Klöße davon geformt und in Salzwasser gesotten.
Zum Schmälzen halbiert man die Klöße, damit das Schmalz recht in die Löcher eindringen kann.

Geschmälzte Brotsuppe

für 4 Personen

1 kleine Zwiebel, 25 g magerer Rauchspeck, 40 g Schweineschmalz, 100 g ältere Weiß- und Graubrotstücke, 1 Prise Kümmel, 1 1/2 Liter leichte Brühe, Salz, Muskat, 1 Ei und 30 – 50 g Leberkäse.

Die Zwiebel in feine Würfel schneiden und mit dem ebenfalls in kleine Würfel geschnittenen Rauchspeck im Schweineschmalz blond angehen lassen.

Nun die Weiß- und Graubrotstücke, sowie den Kümmel dazugeben und ein wenig mitrösten lassen. Das Ganze mit der Brühe auffüllen und gut durchkochen lassen, dabei immer wieder mit Schneebesen oder Quirl gut durchrühren, bis die Suppe einigermaßen glatt ist. Mit Salz und Muskat abschmecken, aber Vorsicht, denn Rauchspeck und Brot bringen schon Salz mit.

Als Einlage ein aufgeschlagenes Ei in die kochende Suppe einlaufen lassen und feingeschnittenen Leberkäse dazu.

Sommer-Eintopf

1 Schicht gezupftes Gehacktes mit ein wenig Salz und Pfeffer, 1 Schicht geschälte in Scheiben geschnittene Gurken, 1 Schicht geschnittene Tomaten, 1 Schicht ungekochter Reis, Salz.

Je nach Personenzahl die Schichten wiederholen. Alles mit wenig Wasser ansetzen, da Gurken und Tomaten genügend Flüssigkeit bilden. Kochen lassen, bis der Reis weich ist (in geschlossenem Topf).

Gutes Gelingen!

Dampfnudeln

einmal salzig

1 Pfund Mehl, 1 Pfund Kartoffeln, 1/4 Liter warmes Wasser, 2 Eier, 50 g Margarine, Pfeffer, 1/2 Kaffeelöffel Salz und 1 Würfel Hefe.

Warmes Wasser in ein Töpfchen geben, Hefe und eine Prise Zucker unterrühren, aufgehen lassen. Aus Mehl, Eiern und der angelassenen Hefe einen Teig machen, gut durchkneten, eine Stunde gehen lassen. Danach den Teig nochmal gut durchschlagen, ausrollen, ca. armdicke, fingerlange Stücke schneiden und etwa 10 Minuten zugedeckt gehen lassen. Inzwischen die rohen, geschälten, in Stifte geschnittenen Kartoffeln in eine Pfanne geben, mit Wasser bedecken, so daß die Kartoffeln bedeckt sind. Margarine, Pfeffer und Salz rezent abschmekken, kochen lassen. Jetzt kommen die Dampfnudeln auf die kochenden Kartoffeln. Zugedeckt, nicht öffnen ca. 25 Minuten (bis das Wasser eingekocht ist)! Mit einer Bechamelsoße und grünem Salat schmeckt's lecker.

Ach so!

Die Juli-Sonne, heiß und grell,
brachte das Korn zum Reifen schnell.
Im Dorfe Quecks ist man bereit
– wie stets in dieser Jahreszeit –
die Sommergäste zu begrüßen,
die ihren Urlaub hier genießen
fernab vom großen Stadtgebrause
und dem alltäglichen Zuhause.

Der Franz von Müllers großem Gut
in seinem grünen Sonntagshut
fährt mit der Kutsche stolz davon
zur ferngelegnen Bahnstation.
Kanzleirat Wörmler hat geschrieben,
daß mit dem Zuge zwölf Uhr sieben
und mit Gepäck wie jedesmal
er komme, schon zum zehnten Mal
wähle er diese Erdenstelle
zum Sommersitz als Junggeselle.

Gewissenhaft ist Franz zu Platze
und späht nach des Kanzleirats Glatze,
die bald auch wogend mit der Menge
von fern sich zeigt in dem Gedränge.
Auf seinem Wagen läßt einstweilen
Franz prüfend seine Blicke eilen
über die Reihe der Passanten
und lupft sein Hütchen vor Bekannten.

Er denkt ans vor'ge Jahr zurück,
als ihm der Dorftanz so viel Glück
bescherte mit den Sommerdamen,
als vielbeneidet er den Namen
des besten Tänzers hat bekommen.
Wie gern hätt' er jetzt mitgenommen
die beiden netten jungen Damen,
die eben duch die Sperre kamen,
so klein und mollig, ganz sein Typ!
(Schlanke sind ihm schon wen'ger lieb)
die fragten, ob das Fuhrwerk sei
für eine Fahrt nach Quecks noch frei.
Bedauernd mußte Franz verneinen
und dem Herrn Rat behilflich scheinen.

Rasch fährt der Wagen nun dahin
mit dem Kanzleirat aus Berlin.
Der sieht den frühen Erntesegen,
er konstatiert: hier fehlt der Regen!
Und sorgenvoll zu Franz gewandt
fragt er: »Sie haben auf dem Land
hier wohl sehr lange große Dürre,
wie selten nur, wenn ich nicht irre?«

Franz ganz versunken in Gedanken,
die sich verstohlen rückwärts ranken
voll Ahnung herrlich schöner Tage,
hört des Kanzleirats bange Frage
und schmunzelt: Nö, es gibt zum Glücke
seit heute ooch paar kleene Dicke!

(sg)

Königsberger Rinderfleck

500 g gute Rinderknochen, 1 Bund Suppengemüse, 1 Zwiebel, 4–5 Gewürzkörner, Salz, Pfeffer, 3 Bouillonwürfel, 1 gehäufter Teelöffel Majoran, 1 Eßlöffel Fett (Palmin oder Schmalz), 1 1/2 l Wasser oder Fleischbrühe (evtl. Hühnerbrühe), 1 kg gewürfelte Rinderfleck, Senf, Essig, kleine Semmeln.

Rinderknochen mit Suppengemüse und den übrigen Zutaten (Außer Fleck, Senf, Essig und Semmeln) etwa 1 Stunde in Wasser oder Fleischbrühe kochen, durch ein Sieb gießen, und die inzwischen gut gewaschene Rinderfleck in die Brühe geben; aufsetzen, bei kleinem Feuer ist die Fleck in 4 bis 6 Stunden weich (hat man einen Schnellkocher, in 1 bis 1 1/2 Stunden).

Wer Herdfeuer hat, setzt die Rinderfleck am Abend auf und läßt sie die Nacht durchkochen; morgens ist das Gericht fertig.

Die Rinderfleck wird in einer Terrine serviert. Majoran, Senf, Essig dürfen auf dem Tisch nicht fehlen, damit jeder seine Suppe selbst würzen kann. Knusprige, kleine Semmeln dazu reichen.

Zünftig ist es, ein Glas Korn vorweg zu trinken.

Ein ostpreußisches Späßchen

An einem strengen Winterabend kamen zwei Knechte vom Holzfahren zurück. Sie hatten seit Schweinevesper noch nichts gegessen und waren hungrig und durchgefroren.

„Hoffentlich hat die Bauersche noch was Warmes für uns parat gestellt", sagte der eine.

Richtig, in der Ofenröhre fanden sie einen großen Kochtopf voll Rinderfleck. Sofort fielen beide darüber her und vergaßen dabei ganz den dritten Knecht, der noch nicht heimgekehrt war. Als der Topf fast leer war, erschrak der eine: „Erbarmung, Gustav, da is ja nuscht mehr für den Franz übrig, ei was nu?"

Sie überlegten eine Weile hin und her. Endlich kam dem einen ein Einfall: „Weißt, du'che, ich hab doch noch e alte Lederwest, die zerschneiden wir in kleine Stücke und lassen sie in der übriggebliebenen Brühe kochen. Denn hat er bei wenigstens e bißche was Dickes in der Supp!"

Gesagt, getan. Das mürbe Leder wurde klein geschnitten und in den Topf getan, dann legten sie noch ein paar Holzscheite in den Ofen und gingen schlafen.

Am anderen Morgen fragten sie den dritten Knecht, der ja auch mit einem Bärenhunger nach Hause gekommen war, wie ihm denn das Essen geschmeckt hätte. Ohne mit der Wimper zu zucken erwiderte der gelassen: „Daß e Ochs zäh is, das hab ich all immer jewußt, aber daß er Knöppe anne Kaldaunen hat, das war mir bis jetzt noch nicht bekannt."

Beeten-Bartsch

Ostpreußen

1 kg rote Beete (Beeten), 500 g Suppenrindfleisch, 1 Rinderknochen, 1 1/2 l Wasser, Suppengemüse, 1 Zwiebel, 3–4 Gewürzkörner, 2 Bouillonwürfel, Salz, 1 gehäufter Teelöffel Majoran, 2 Eßlöffel Mehl, 3/4 l saure Sahne, Zitronensaft oder 3–4 Eßlöffel Weinessig, Zucker.

Die Beeten mit einer Bürste gründlich sauber putzen und waschen, in Wasser weich kochen, schälen und reiben.

Rindfleisch und Knochen in kaltem Wasser aufsetzen und mit kleingeschnittenem Suppengemüse, einer ganzen Zwiebel, Gewürz, Bouillonwürfeln und Salz zu einer kräftigen Brühe kochen.

Gares Fleisch und Knochen herausnehmen, Brühe durch ein Sieb gießen. Das Beetenmus in die Suppe geben und mit geriebenem Majoran durchkochen, danach mit Mehl und saurer Sahne anbinden, mit Zitrone oder Weinessig und einer Prise Zucker abschmecken.

Die weichgekochten Kartoffeln würfeln und der Suppe zufügen.

M. D.

Eine kleine Geschichte zu den Beeten

Fritzchen war auf dem Lande zu Besuch. Es gab Rinderbrust mit Meerrettichsoße zum ersten Mittagessen. Fritzchen legte sich von allem reichlich auf, nur die roten Beeten hatte er vergessen.

Als die Tante sagte: „Willst du nicht Beeten, Jungchen?" erschrak Fritzchen, er faltete die Hände und sprach leise: „Komm, Herr Jesu, sei unser Gast..."

(M. Dyck)

Liewanzen

Gablonz

Mehl, Hefe, Zucker, Salz und Fett.

Den dicklichen Teig (etwa wie Pfannkuchenteig) in einer Liewanzenpfanne (eine gußeiserne Pfanne mit Vertiefungen) auf den heißen Herd stellen.
Wenn die »Liewanzen« in den Vertiefungen auf der Unterseite bräunlich sind, wenden und fertigbacken. Sie werden mit Marmelade bestrichen und heiß gegessen.

Hirsebrei

Ein Silvesteressen

Das Quellende bringt das ganze Jahr über Geld

Hirse, Milch, Weißkraut und Fett.

Einen Hirsebrei kochen; Weißkraut zu Scheiben schneiden und andünsten. In einer gefetteten Pfanne lagenweise Brei und Weißkrautscheiben; obenauf ein zerquirltes Ei.
Im Ofen backen bis es bräunlich wird.

Stoppelfuchs

Kartoffeln, Milch, Ei, Salz, Kümmel und Mehl.

Kartoffeln roh reiben. Milch, Ei und Salz verquirlt dazugeben, dann wenig Mehl und Kümmel daran. In eine Pfanne mit heißem Fett schütten und dahinein Pflaumen ohne Kern drücken.
Im Ofenrohr backen und heiß essen.

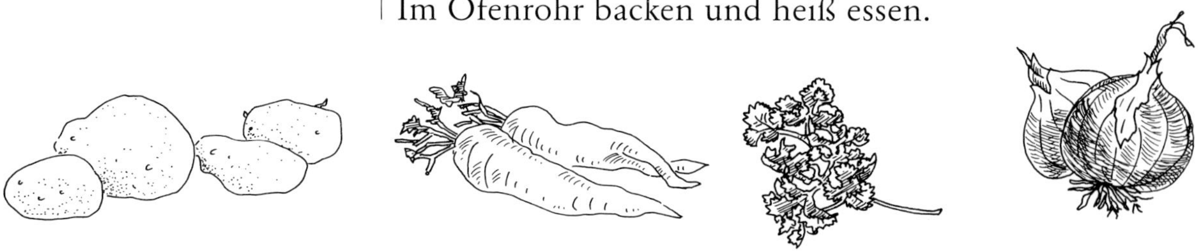

Der Vegetarier

Eine Rübe kauend – ausgemergelt –
wandert in der Wüste der berühmte
Marabut*, der große Hadschi-Baba.

Siehe, voller Dünkel nun stolziert er
an Schakalen, Leuen und Hyänen
seines Geistes Künste zu probieren.
Und schon springt mit aufgeriss'nem
Rachen
brüllend ihm solch Teufelsvieh
entgegen.

Unerschüttert aber und erhaben
starrt er in des Tieres runde Augen:
»Duck dich! Stehe! – Spitz die Löffel,
Löwe!
Nimm dein Hirn zusammen, dumme
Katze!
Laß vom Fleische! Wie ich selbst seit
langen
Jahren – laß vom Fleische, friß Gemüse!
Klüger wirst du täglich dann und besser –
dies beweis ich dir mit tausend
Gründen ...«

Und der Löwe wirklich! heiser knurrend
duckt sich nieder, schweigt und läßt ihn
reden.

(* Marabut = Einsiedler)

Und dann spricht er: »Endlich,
Hochverehrter,
endlich ward mein armes Hirn
erleuchtet –
völlig bin ich überzeugt! Nun gib mir
Antwort noch auf eine einz'ge Frage:

Sag, wie lange schon des eklen Fleisches
hast du, Hochverehrter, dich enthalten?«
Hadschi-Baba drauf: »Seit zwanzig Jahren
kam kein Bissen über meine Lippen,
nicht ein Fäserchen, nicht Wurst noch
Schinken!
Wurzeln einzig, Lattich, Kohl und
Kräuter
nährten mich und labten Leib und
Seele!«

»Demnach, guter Mann«, versetzt der
Löwe,
langsam reckend die gewalt'gen Glieder,
»demnach – ohne Zweifel ist dies
logisch,
völlig logisch, guter Mann! – bestehst du
sozusagen gänzlich ... aus Gemüse,
und Gemüse, wie du schön bewiesen,
darf die arme, dumme Katze fressen!«
Spricht's und hascht den armen
Hadschi-Baba,
und fidel verspeist er ihn zum Frühstück.

(Reinhard Volker, München 1911)

Wassersuppe für einen verdorbenen Magen

Wasser, einige Zehen Knoblauch, Salz, Pfeffer und Ingwer.

Den Knoblauch in Scheibchen geschnitten und mit Salz zu einem Brei drücken, dann in kochendes Wasser geben und aufkochen lassen. Pfeffer und etwas Ingwer zufügen.

Ist die Magenverstimmung leichterer Art, darf ein Ei in der Suppe verquirlt werden. Vor der Suppe einige dünne Scheiben altgebackenes Brot reichen.

Mohntaschen

250 g Mehl, 2 Eier, Salz, 125 g Mohn und Wasser.

Einen Nudelteig machen – soviel Eier man nimmt, soviel Eischalenhälften Wasser.

Aus dem Teig Vierecke ausschneiden (ca. 6 x 6 cm). Die Vierecke werden auf einer Seite mit Mohn belegt, die andere Seite wird darübergeklappt und am Rand festgedrückt.

Der Mohn muß in einer Mohnmühle gemahlen und in einem Reibtopf mit einer Reibekeule mit Milch und Zucker zu einem Brei verrieben sein. Die Mohntaschen in leichtem Salzwasser 10 – 12 Minuten abkochen.

Schnellgurken

ein sächsisches Rezept für Delikateßgurken

Feldgurken, Gewürzessig und Dillscheiben.

Die Gurken werden geschält, in dicke Scheiben geschnitten und eingesalzen. Man läßt sie so etwa eine Stunde stehen. Dann werden sie in einem feuerfesten Gefäß eingeschichtet und mit kochendem (unverdünntem) Gewürzessig übergossen. Am nächsten Tag den Essig abgießen, wieder aufkochen, evtl. noch etwas frischen Essig dazugeben (die Gurken sollen bedeckt sein). Dillscheiben werden dazwischengelegt, um den Geschmack zu verfeinern. Die Gurken sind zum alsbaldigen Verzehr bestimmt.

Maultaschen

Nudelteig: 500 g Mehl, 4 Eier, etwas Salz. Füllung: 200 g Bratwurstbrät, 300 g Hackfleisch, 150 g Spinat, fertig gekocht, 50 g mageren Speck, 1 Ei, 1 altes ausgedrücktes Brötchen, 1/2 Bd. Petersilie feingehackt, 2 Zwiebeln feingehackt, Salz, Pfeffer, Muskat.

Für den Nudelteig Mehl, Eier, Salz zusammenkneten und hauchdünn ausrollen. Für die Füllung Zwiebel und Speck kleinschneiden und andünsten, mit allen anderen Zutaten zu einem Teig verrühren. Den Nudelteig in ca. 15 cm breite Streifen schneiden, die Hälfte mit der Füllung bestreichen, die andere Hälfte zuklappen und viereckige Maultaschen abschneiden. Die Ränder gut zusammendrücken, die Maultaschen in Brühe oder Salzwasser ca. 10–15 Minuten kochen, entweder in Bouillon servieren oder zu Kartoffelsalat reichen.

Hagebutten-Suppe

Österreich

1 kg Hagebutten, 1 Liter Wasser, 1 Liter Wein, Zucker, Zitronenschale und Zimt.

Nachdem die Hagebutten (entweder frisch oder getrocknet) gereinigt worden sind, werden sie mit dem Wasser und dem Wein angesetzt.

Sobald sie weich sind, treibt man sie durch ein Haarsieb, versüßt sie mit Zucker, gibt etwas fein geschnittene Zitronenschale und gestoßenen Zimt dazu.

Danach richtet man sie über geröstete Schnitten an.

Die Hagebutte

Ein Männlein steht im Walde
ganz still und stumm,
es hat von lauter Purpur
ein Mänt'lein um.
Sagt, wer mag das Männlein sein,
das da steht im Wald allein
mit dem purpurroten Mäntelein?

Das Männlein steht im Walde
auf einem Bein
und hat auf seinem Haupte
schwarz Käpplein klein.
Sagt, wer mag das Männlein sein,
das da steht im Wald allein
mit dem kleinen, schwarzen Käppelein?

Ein Kind spricht:
Das Männlein dort auf einem Bein
mit seinem roten Mäntelein
und seinem schwarzen Käppelein
kann nur die Hagebutte sein!

Hoffmann von Fallersleben

Käse-Krapfen

für 4 Personen

Nudelteig: 500 g Mehl, 2 Eier und 1 Eiweiß. Füllung: 500 g Schichtkäse, 1 Eigelb, 1 Eßlöffel Mehl, Petersilie und etwas Salz.

Aus Mehl und Eiern und etwas Wasser einen festen Teig zubereiten. Sehr gut durcharbeiten, danach auswellen. Die Zutaten für die Füllung untereinandermengen. Den ausgewellten Nudelteig in Quadrate schneiden und ca. 1/2 Eßlöffel Füllung in diese Quadrate streichen und zusammendrücken. Das Ganze in kochendem Salzwasser ca. 5 Min. ziehen lassen. Man kann die Krapfen auf einer Platte anrichten (mit Butter und Weckmehl schmälzen) und mit Salat servieren, oder in der Brühe als Suppe reichen.

Buabaschbitzla

Kartoffla, kalt, vom Dag drvor,
mr holt d'Kartoffelreiba vor.
No kommt a Oi nei ond Muskat,
a bißle Pfeffer schtoht parat.
Jetzt schafft mr Mehl nei, doch net zviel,
weil mrs jo schee luggs han will.
Der Doig muaß zemlich locker sei,
no schafft mr älles zemma nei.
Mit gmehlte Hend macht mr a Rolla,
(mer hett se vorher wäscha solla!)
No macht mr Wergala, wia d'Gees,
i sags halt so, semmer net bees.
Jetzt wern se kocht, ganz langsam bloß,
no wern se guat ond schee ond groß.
Mr kaas nadierlich au no bacha,
ond Schnitz ond Zwetschga drzua macha.

Oma Lisbeth

Bachofasuppa

Etwas Schwäbisches

10 Zwiebäcke, 1/2 Pfd. Zucker, 1 l Milch und 4 Eier.

Friar, vor zirka fuffzig Johr,
was i jetzt sag, isch wirklich wohr!

Send Kender no drhoim gebora,
ond älle Nochbor hent sich gschwora!

Wenn d'Anna en ihrm Kendsbett leit,
no machet mir ihr gwieß a Freid,

mit ra guata, süaßa Schbeis,
köschtlich, ond net z'hoch em Preis!

Zeah Zwieback duat mr en a Form,
a halb Pfond Zucker, descht enorm!

En Liter Milch, vier große Oier,
des hot mr selber, isch net deier!

Älles wird jetzt guat vermischt,
bis der Zwieback zuadeckt ischt.

A Schtond en hoißa Ofa nei,
der muaß nadierlich vorgheizt sei.

200 Grad, des isch grad recht,
Kombott drzua, des schmeckt net schlecht!

Koi Wonder, hen dia Weiberleit
sich ieber vier, fenf Kender gfreit!!

Ond wenn mr guate Nochbor hot,
no isch mr zfrieda, ond dankt Gott!!

Oma Lisbeth

Wurst-Spatzen

4 Brötchen, Zwiebel, Petersilie, Butter, 200 g gerauchte Schinkenwurst oder Krakauer, 2–3 Eier und Mehl.

Die Brötchen einweichen, Zwiebel und Petersilie hacken und alles in Butter leicht dämpfen. Nachdem die Brötchen mit der Zwiebel und der Petersilie verarbeitet sind, nun alles zusammen verarbeiten.

Nach dem Abkühlen:
Die gerauchte Schinkenwurst oder Krakauer und die Eier kleingeschnitten daruntermengen. Je nach Bedarf Mehl hinzufügen. Ebenso Wasser nach Bedarf, daß sich der Teig zu Klößchen formen läßt, die mit dem Kaffeelöffel leicht in die Brühe gegeben werden.

Den ersten Kloß als Probekloß ansehen, ob der Teig gut geraten ist.

Diese Klößchen lassen sich gut zu Suppe und Soßen reichen. Dazu grünen Salat.

Brösel-Nudeln

Böhmerwald

500 g Kartoffeln, Salz, Eier, ca. 2 Eßlöffel Mehl, Semmelbrösel und Butter.

Am Tage zuvor gekochte Kartoffeln abgezogen und heiß durchgedrückt, – abkühlen lassen – mit wenig Salz, den Eiern (nach Belieben) und dem Mehl zu einem festen Teig verarbeiten und fingerbreite Stangen formen. Davon schneidet man kleine Würstchen von etwa 4 cm Länge. Diese werden in Wasser gekocht bis sie hochkommen.

Wenn sie oben schwimmen, dann noch eine kleine Weile oben kochen lassen, dann in einem Sieb abtropfen lassen.

Semmelbrösel in Butter heiß machen und ein wenig braun werden lassen, dann die Nudeln in den Semmelbröseln wälzen oder in der Schüssel durchschütteln, daß sie überall die Brösel annehmen.

Dann sind sie fertig und können zu allerlei Soßen, auch nur zu Milch oder Salat gegessen werden.

Reisauflauf

ein Rezept aus dem Kochbuch einer Urgroßmutter aus Stockenau bei Wien

250 g Milchreis, 1/2 Liter Milch, Salz, 70 g Butter, 3 Eier, Zitronenschale, eine Handvoll rein geklaubter Rosinen, 3 Eßlöffel gestoßenen Zukker und Semmelbrösel.

Der Milchreis wird gut ausgeklaubt, dann in der Milch so lange gedünstet, bis er wie ein dickes Koch, wie der sogenannte Milchreis aussieht.

Dazu gibt man ein klein wenig Salz. Dann läßt man den Reis in der Kasserolle kalt werden, rührt aber, bevor man sie vom Feuer hebt, Butter darunter.

Ist der Reis kalt geworden, rührt man von den Eiern den Dotter darunter, auch etwas fein gehackte Zitronenschale, die Rosinen und den gestoßenen Zucker.

Nun schlägt man aus dem Klar der Eier einen sogenannten Schnee, indem man die Klar mittels eines Schneebesens in einem 1/2 Liter-Trinkglas zu festem Schaum sprudelt. Diesen Schnee mengt man jetzt auch unter den Reis und schmiert einen Model oder eine Kasserolle gut mit Butter aus, bestreut ihn gut nach allen Seiten mit Semmelbrösel, gibt die Mischung hinein und bäckt diesen Auflauf bei fleißigem Nachsehen schön braun in der Röhre.

Um zu wissen, ob er fertig ist, sticht man mit einer dicken Stricknadel von oben aus hinein. Kommt die Nadel rein heraus, ohne feucht zu sein, so ist der Auflauf ausgebacken und wird auf eine Schüssel gestürzt, dann mit Zucker bestreut und aufgetragen.

Die Geschichte vom Schachbrett und den Reiskörnern

Ein König in Indien, Shehram, forderte den Erfinder des Schachspiels, Sessa Ebn Daher, auf, er möge sich selbst eine Belohnung für seine Erfindung auswählen.

Sessa Ebn Daher bat um die Menge Reiskörner, die zusammenkämen, wenn man auf ein Schachbrett die 64 Felder mit Reiskörnern belegte, angefangen mit einem Korn auf dem ersten Feld, und zwar so, daß sich die Menge laufend mit sich selbst potenziere.

Der König versprach ihm die Erfüllung des nach seiner Meinung bescheidenen Wunsches.

Doch als er erfuhr, welche Summe von Reiskörnern sich ergab, mußte er Sessa Ebn Daher bitten, sich eine bescheidenere Belohnung zu erbitten.

Die Reisernte eines ganzen Jahres im ganzen Land reichte nicht aus, um die 18 446 744 073 709 551 615 Reiskörner herbeizuschaffen.

Schlesischer Kartoffelsalat

1 kg Kartoffeln gekocht, Gemüse: 3 gelbe Rüben, 1/2 Sellerie, Petersilie gekocht, Salz, Pfeffer, etwas Zucker, Senf, 1 Zwiebel, 4 Eßlöffel Essig, Öl (nach Bedarf) und 200 g Speck geräuchert (kein Rauchfleisch).

Kartoffeln, wie Gemüse fein würfeln. Speck fein würfeln und auslassen.

Alle Zutaten über die Kartoffeln geben, durchziehen lassen.
Zu warmer Wurst geben.

Italienischer Salat

Kalter Braten, Schinken, Kartoffeln, Eier und Schnittlauch.

Zu diesem Salat wird übriger kalter Braten, Schinken und kalte Kartoffeln zu kleinen viereckigen Stückchen geschnitten, alles untereinandergemengt und in eine Schüssel getan.

Oben darauf wird ein Stern gemacht von hartgesottenen Eiern, wovon das Weiße und das Gelbe jedes besonders fein geschnitten und von fein geschnittenem Schnittlauch jeder Winkel des Sterns damit wechselweise belegt wird.

Naturgeschichte in der Dorfschule

Aus Sachsen

Besprechen wollen wir ein Tier.
Wer ist so schlau und nennt es mir?
Es ist nicht groß, sieht bräunlich aus
und wohnt sehr gern in unserm Haus.

»Herr Lehrer!« ruft der Günter Franze,
»ich weeß es schon, das is de Wanze!«

»Nein, aber nicht doch, ach i wo!«

»Herr Lehrer, hier, das is der Floh!«

»Hans Schmidt, ob du's wohl besser weißt?
... so rede doch!«

»De Wanze beißt!«

»Hört, was ich sage, Schmidt und Franze!
Der Sperling ist's und nicht die Wanze!«

»Nun zeigt einmal, ob ihr es wißt,
was wohl der Sperling alles frißt!«

»Mir ham e Beet vor unserm Haus,
da fressen se den Salat raus!«

»Gewiß, den grünen Kopfsalat
als Nahrung er sehr gerne hat!«

»Mei Vater«, sagt der Peter Kern,
»frißt den Kartoffelsalat gern!«

»Halt, Peter, nein, so sagt man nicht,
wenn man von seinem Vater spricht!
Wer weiß es besser als der Kern?«

»Der Babba frißt den Salat gern!«

»Ach, du bist auch ein dummer Wicht,
das frißt – das frißt gefällt mir nicht!«

»Nee, mir gefällt das ooch nich gerade,
denn es is immer dann sehr schade,
daß nischt mehr für mich übrig ist,
wenn amds dr Vater Salat frißt!«

»Das frißt, so mein ich, klingt nicht schön!«

»Ja, ja, mr muß sich dran gewöhn.
Das klingt nicht schön, wann er so batscht
und auf den Zwiebelstückchen katscht,
wenn er Kartoffelsalat frißt
und ooch noch laut de Zeitung lisst!«

»So darf man überhaupt nicht sagen!«

»Da ham Se recht, mr darf's nich wagen,
kee Wörtel darf mr sich erloom,
sonst is der Alte offm Boom
und macht dann bloß noch großen Mist,
wenn'r Kartoffelsalat frißt!«

»Nun hört doch wirklich alles auf!
Nehmt euer Tagebuch herauf
und da notiert ihr euch den Satz:

Der Vater ißt, es frißt der Spatz.

Den schreibt ihr zwanzigmal zu Hause!«

Erlösend klingelt es zur Pause.
Dem Lehrer ist es warm geworden,
aufatmend öffnet er die Pforten
des Hauses, das der Menschen Triebe
zur Ordnung lenkt durch Zucht und Liebe.

Die Schülerschar entfliegt befreit,
nur Frank, der Kleinste, nimmt sich Zeit.
Umständlich nestelt er am Ranzen
und sagt: »Herr Lehrer, mir ham Wanzen!« (sg)

Sächsische Quarkkäulchen

500 g Kartoffeln (Pellkartoffeln geschält, vom Tag vorher), 250 g Quark, 100 g Mehl, 50 g Zucker, 1 Ei, 1 Prise Salz und nach Belieben Rosinen oder Korinthen, Fett zum Braten.

Die kalten Kartoffeln auf dem Reibeisen oder in der Reibmaschine reiben; den Quark möglichst durch ein Sieb drücken.

Kartoffelschnee, Quark, Mehl, Zucker, Ei, evtl. Rosinen, Salz zusammenmischen, und zwar mit einem Löffel, niemals mit den Händen!

Dann mit den bemehlten Händen kleine Kugeln formen, diese breitdrücken, so daß »Käulchen« entstehen (ø 8 cm, Höhe ca. 2 1/2 cm). Dann in heißem Fett oder Öl auf beiden Seiten goldgelb backen.

Dazu kann jederlei Kompott, Saft oder Vanillesoße gereicht werden.

Quarkkäulchen

– ein echt sächsisches Gericht – leicht herzustellen – die Zutaten sind billig – und jeder Sachse kennt und mag sie.

Ich kann mich erinnern, daß ich als Kind – ich war etwa 9 Jahre alt – mal, als unsere Eltern in der Ferienzeit auf drei Tage verreisen mußten, das »Kochen« übernehmen mußte. Meine Schwester war zwar 3 Jahre älter als ich, doch sie las lieber Bücher und überließ mir kritiklos die Küche. Meine Mutter hatte genügend Vorräte dagelassen, wir konnten Quarkkäulchen, Kartoffelstückchen oder Pellkartoffeln mit »guter Butter« *) und Quark und Zwiebeln oder Kartoffelmus mit Blutwurst und brauner Butter kochen. Die Quarkkäulchen mundeten uns am ersten Tage ganz köstlich. Als ich am 2. Tag meine Schwester fragte, ob wir nicht auch heute Quarkkäulchen essen könnten, es sei noch von allen Zutaten genügend da, so war das meiner Schwester gerade recht. Und als ich am dritten Tag zaghaft meine Schwester fragte, ob ich nochmal Quarkkäulchen machen sollte, da stimmte sie begeistert ein, und ich briet sie mit der »guten Butter«, die eigentlich für die Kartoffeln mit Quark bestimmt war. Als meine Eltern unseren Bericht dann hörten, haben sie herzlich gelacht.

Unsere Tante Gretel hatte uns einmal zum Mittagessen eingeladen und Quarkkäulchen gebacken. Sie hatte schon eine große Platte mit den guten Stücken ins Wohnzimmer auf den Tisch gestellt, während wir zwei Mädels in der Küche um sie »herumtanzten« und sehen wollten, was es wohl für gutes Kompott dazu gäbe.

Tante Gretel hatte einen kleinen Hund, Molli genannt, zwar eine Promenadenmischung, aber sehr gescheit – und er durfte »fast« alles. So hatte er auch »seine« Sofaecke, auf dem schon altersschwachen und ausgesessenen Sofa. Als wir nun mit Tante Gretel ins Zimmer kamen, saß Molli artig in seiner Sofaecke, als sie aber flüchtig die Platte mit den Quarkkäulchen überprüfte, war es ihr, als fehlte eins, und sie rief streng: Molli!! Mit eins sprang Molli auf, wühlte mit seinen Pfoten in der labilen Sofaecke, schnappte ein rundes Etwas und verschwand blitzartig. Wir fanden ihn dann in der Küche unter dem Ofen in der Höhle, die an sich für den Kohlenkasten bestimmt war, dort leckte er gerade noch sein kleines Schnäuzchen, lief ins Zimmer, plazierte sich in seiner Sofaecke und tat, als sei nichts gewesen. Weil wir so gelacht haben, fühlte er sich stolz, uns solchen Spaß bereitet zu haben. Und Tante Gretel hat ihn gestreichelt. Tante Gretel war unsere Lieblingstante!

(sg)

*) *»Gute Butter« sagt der Sachse, wenn er betonen will, daß er Butter und nicht Margarine meint.*

Kirsch-Flinsen

**250 g Mehl, 4 Eier, 1 Prise Salz,
1 große Tasse Milch, Fett zum Ausbacken,
1 Glas Schattenmorellen, etwas Mondamin.**

In einer Schüssel Mehl, Eier, etwas Salz und Milch schaumig rühren, Teig ins heiße Fett geben und wie Eierkuchen ausbacken.
Die Schattenmorellen mit etwas Mondamin aufkochen.

Nun werden die Flinsen auf einen Teller gelegt, darauf eine Schicht Kirschen, dann wieder Flinsen und so weiter, bis alles aufgebraucht ist.

Es werden Stücke wie bei einer Torte abgeschnitten. Noch warm zu Tisch bringen – als Mittagsmahlzeit oder zum Kaffeetrinken.

Bei Goldhähnchens

»Bei Goldhähnchens war ich jüngst zu Gast;
sie wohnen im grünen Fichtenpalast
in einem Nestchen klein,
sehr niedlich und sehr fein.«

»Was hat es gegeben?«
»Schmetterlingsei, Mückensalat und Gnitzenbrei *)
und Käferbraten, famos, zwei Millimeter groß.

Dann sang uns Vater Goldhähnchen was;
so zierlich klang's wie gesponnenes Glas.
Dann wurden die Kinder besehn,
sehr niedlich alle zehn.

Dann sagt' ich: »Adieu und danke sehr!«
Sie sprachen: »Bitte, wir hatten die Ehr,
und es hat uns mächtig gefreut!«

Es sind doch reizende Leut!

Heinrich Seidel

*) Gnitzen = 2 mm große Stechmücken,
weltweit verbreitete 2-Flügler

Zwiebelkuacha

Wenn dr Herbscht ens Ländle ziagt,
wenn mr Federweißa kriagt,

juckts oin, denn do mecht mr au
en Zwiebelkuacha drzua hau.

En Hefadoig hemmer scho gmacht;
also Leitla, gebet acht!

Zwoi Pfond Zwiebla schneid mr fei,
duats end Flädlespfanna nei.

Ja, was geits denn do zom Heila?
S' dauert doch bloß a gleis Weile!

Schmalz nei, Zwiebel glasig dempfa,
net verbrenna – i dät schempfa!

Zemlich Rahm ond Kemmich nei,
ond Oier, so a Schticker drei.

Guat abschmecka, net zviel Salz,
sonscht gratzts nochher so em Hals.

Isch des Zeigs a bißle naß,
a Mehl nei, aber bloss mit Maaß!

En dr Ofa – noch ra Schtond,
geb i eich z'Wissa ond dua kond:

Jetzt kennet er zom Essa blosa,
(hoffentlich goht nex end Hosa!)

Oma Lisbeth

Ein guter Rat

Pfannkuchen

Statt Milch sauren Sprudel nehmen.
Die Pfannkuchen werden dann leicht und locker.

Das Märchen vom dicken fetten Pfannkuchen

Eine alte Frau backte einst einen Pfannkuchen. Als er fertig war, legte sie ihn auf einen Teller. Weil aber gerade die Tür aufstand, machte er sich auf und lief davon. Da begegnete ihm der Briefträger, der fragte ihn: »Dicker, fetter Pfannkuchen, wo willst du hin?« Der Pfannkuchen antwortete: »Ich bin der alten Frau entlaufen, und dir Briefträger, werde ich wohl auch entkommen.« Und weiter lief er kantapper, kantapper, die Straße hinunter.

Da begegnete ihm ein Reiter, der fragte: »Pfannkuchen, wo willst du hin?« Der Pfannkuchen antwortete: »Ich bin der alten Frau entlaufen, dem Briefträger bin ich entkommen, und dir Reiter, werde ich auch davonspringen.« Und er rannte weiter kantapper, kantapper, so schnell, daß der Reiter ihn bald aus den Augen verlor.

Da begegnete ihm ein Hase, der fragte ihn: »Du dicker, fetter Pfannkuchen, wo willst du hin?« Der Pfannkuchen antwortete: »Ich bin der alten Frau davongelaufen, der Briefträger hat mich nicht gekriegt und der Reiter hat mich auch nicht fangen können, und du, Hase, wirst mich auch nicht fangen, wenn du auch schnell laufen kannst!« Kantapper, kantapper, sauste er weiter.

Wie er so läuft, kommt ihm ein Schwein entgegen und fragt: »Dicker, fetter Pfannkuchen, wo willst du denn hin?« Und er antwortete: »Ich bin der alten Frau davongelaufen, der Briefträger hat mich nicht gekriegt, der Reiter hat mich auch nicht fangen können, und auch dem Hasen bin ich glücklich entsprungen, du Schwein, wirst mich wohl auch nicht fressen!« Er wollte weiterlaufen, das Schwein aber sprach: »Was sagst du, lieber Pfannkuchen, ich höre ein bißchen schwer, bitte sags mir noch einmal.« Da wollte es der Pfannkuchen dem Schwein ins Ohr sagen, das schlaue Schwein aber schnappte zu und fraß ihn auf. Das war das Ende von dem dicken, fetten Pfannkuchen und auch das Ende des Märchens.

Aus der Kinderbeilage
der Berliner Abendpost 1906

Schokoladen-kuchen

210 g Butter, 210 g Nüsse gemahlen, 250 g Zucker, 125 g Mehl, 200 g Schokolade, 1 Teelöffel Zimt, 1 Teelöffel Backpulver, 6-7 Eier und die Schale einer halben Zitrone.

Die Schokolade wird in kleine Stücke gebrochen und das Eiweiß zu Schnee geschlagen.

Mit den Zutaten einen gerührten Teig machen.

Form mit Butterbrotpapier auslegen und anfeuchten. Kuchen 1 Stunde backen.

Schwäbischer Salzkuchen

Teig:
250 g Mehl, 1 Löffel Schmalz, etwas Hefe, wenig Salz, 1 knappe Tasse Milch (lauwarm) und 1 Ei.
Guß:
3 Eier, 500 g saurer Rahm, Salz, Kümmel und Butter.

Den Teig kräftig kneten und aufgehen lassen. Dann auswellen.

Aufs Blech setzen und folgenden Guß darauf:
Die Eier und den Rahm kräftig salzen, reichlich Kümmel untereinandermengen und einen Klacks Butter darauf.

Im vorgeheizten Ofen ca. 1/2 Stunde bei 225° backen.

Hefestriezel

Hefeteig:
500 g Mehl und Butter.
Füllung:
2 Eßlöffel Zucker, 1/2 Teelöffel Zimt, 100 g Rosinen und 100 g Mandeln.

Den Hefeteig ausrollen, mit Butter bepinseln. Die Füllmasse mit den gehackten Mandeln darauf-streuen. Den Teig aufrollen. Die Rolle in der Mitte längs aufschneiden. Zum Gehen auf das Blech legen. Mit Eigelb bepinseln, bevor das Gebäck in den Ofen kommt und bei starker Mittelhitze backt.

Gugelhopf

375 g Mehl, 1/2 Liter lauwarme Milch, 125 g Butter, 4 Eier, 2 Eßlöffel Zucker, Salz, 50 g Hefe, 125 g Rosinen und Semmelmehl.

Aus dem Mehl, der Milch (worin die Butter zergangen ist), den Eiern, dem Zucker, dem Salz und der Hefe wird ein Teig tüchtig geschlagen und in einer Schüssel warm gestellt. Wenn er gegangen ist, schlägt man ihn nochmal und mengt die gewaschenen Rosinen darunter, bestreicht die Form dick mit Butter, bestreut sie mit Semmelmehl und füllt die Masse ein.

Nach 1 1/2 stündigem, langsamem Aufgehen stellt man ihn ca. 45 Minuten in den heißen Ofen.

Thüringer Mohnkuchen

Hefeteig von 500 g Mehl, 3/4 Liter Milch, 200 g Zucker, Salz, das Abgeriebene einer Zitrone, 120 g Grieß, 250 g Mohn, 150 g Mandeln, 50 g Rosinen, 2 Eier und Puderzucker.

Mit dem Hefeteig die Bratenschale auslegen. Die Milch mit Zucker und Salz aufkochen. Den Grieß hineinstreuen und garkochen. Den heißen Grießbrei über den gemahlenen Mohn geben. Mit geriebenen Mandeln, den Rosinen, der abgeriebenen Zitronenschale und dem Eigelb verrühren. Eischnee aus zwei Eiweiß unterziehen und die Masse auf den Hefeteig füllen.

Bei starker Mittelhitze 40 – 50 Minuten backen. Hinterher Puderzucker überstreuen.

Schwäbischer Hefekranz

1 kg Weißmehl, 1 Hefe, 1/2 Liter Milch, 1 Löffel Zitronensaft, 180 g Fett, 125 g Zucker, 2 Eier und 1 Tasse Rosinen.

Das Mehl mit der Hefe aufgehen lassen. Danach die Milch, den Zitronensaft, das angewärmte Fett, den Zucker, die Eier und die Rosinen zusammenkneten.

Dann den fertigen Teig in der Nähe des Ofens gehen lassen (etwa 2 Stunden lang). Danach den Teig in drei Stränge teilen und diese wie einen Zopf flechten. Aufs gefettete Blech setzen und mit Eigelb bestreichen. Bei ca. 180° 1 1/2 Stunden backen.

Rahmkuchen

Mürbteig:
250 g Mehl, 125 g Butter oder Margarine, 125 g Zucker, 1 Ei.
Belag:
50 g Zucker, 40 g Mehl, 10 Eier, Schale einer abgeriebenen Zitrone, 1 l süßen Rahm, 60 g Rosinen.

Für den Mürbteig Mehl, Butter, Zucker, Ei zu einem glatten Teig verkneten, kühlstellen. Dann ein Kuchenblech mit dem Teig auslegen, am Rand hochziehen.

Für den Belag die Eier, Zucker, das Mehl, Zitronenschale gut verrühren, langsam den Rahm dazurühren. Die Rosinen auf dem Teig verteilen, die Rahmmasse daraufgießen, den Kuchen auf mittlerer Schiene bei 220 Grad ca. 50 – 60 Minuten backen.

Käsekuchen auf dem Blech

Teig: 250 g Mehl, 125 g Butter, 125 g Zucker, 1 Ei und 1 Teelöffel Backpulver.
Füllung: 125 g Butter, 300 g Zucker, 3 Eier, 1500 g Quark, 1 Päckchen Vanille-Puddingpulver und 125 g Rosinen.
Einen Mürbeteig bereiten, den man auf dem gefetteten Blech ausrollt und hellgelb backt. Inzwischen Butter, Zucker und Eier schaumig rühren, den abgelaufenen, ausgedrückten Quark hinzugeben. Ebenso das Vanille-Puddingpulver und die gesäuberten Rosinen. Die gut verrührte Masse auf den leicht gebackenen Mürbeteig streichen und nochmals ca. 45 Minuten bei guter Mittelhitze backen.

Kirschkuchen mit Grießmehl

1 Liter Milch, 250 g Grießmehl, 150 g Butter, 10 Eidotter, 125 g geschälte, fein gemahlene Mandeln, 250 g klaren Zucker, die gewiegte Schale einer Zitrone, 30 g Zitronat, 1 Teelöffel gestoßenen Zimt, 1 kg schwarze Kirschen und Weckmehl.

Zur kochenden Milch wird das Grießmehl getan, zu einem dicken Brei gekocht und kalt gestellt. Alsdann rührt man die Butter mit den Eidottern schaumig, nimmt danach die Mandeln, den Zucker, die Schale einer Zitrone, das fein geschnittene Zitronat, den Zimt und die gekochte Grießmasse dazu, rührt das Ganze bis es leicht und schaumig ist. Eiweiß zu festem Schnee geschlagen unter die Masse mischen. Die Kirschen leicht darunterheben, in eine mit Butter bestrichene und mit Weckmehl bestäubte Form füllen und etwa 1–1 1/2 Stunden im Ofen backen.

Bienenstich

Hefeteig von 500 g Mehl, 150 g Butter, 200 g Zucker, 1 Päckchen Vanille-Zucker, 150 g gehackte Mandeln und 2 Eßlöffel Milch.

Den Hefeteig auf dem gefetteten Blech ausrollen. Die Butter mit dem Zucker und den Mandeln aufkochen, dann die Milch hineingeben. Sie macht den Bienenstich glänzend.

Den Belag etwas abkühlen lassen, bevor man ihn auf den Hefeteig streicht. Bei starker Mittelhitze etwa 30 Minuten backen.

Schokoladen-Makronen

250 g Zucker, 70 g geriebene Schokolade, 250 g ungeschälte, geriebene Mandeln, Saft einer halben Zitrone und 4 Eiweiß.

Zucker mit der geriebenen Schokolade und den geriebenen Mandeln gut vermischen. Vorsichtig den sehr steifen Eischnee unterheben.

Von der Masse kleine Häufchen auf Oblaten setzen und auf ungefettetem Blech bei 150 Grad etwa 35 Minuten backen.

Die Zuckerplätzchen

Männer pflegen stets zu naschen,
läßt man sie allein.
Leicht sind Mädchen zu erhaschen,
weiß man sie zu überraschen.
Soll das zu verwundern sein?
Mädchen haben frisches Blut,
und das Naschen schmeckt so gut.

Doch das Naschen vor dem Essen
nimmt den Appetit.
Manche kam, die das vergessen,
um den Schatz, den sie besessen
und um ihren Liebsten mit.

Väter laßt's Euch Warnung sein:
sperrt die Zuckerplätzchen ein.
Sperrt die Zuckerplätzchen,
die jungen Mädchen ein,
sperrt sie ein, sperrt sie ein!

aus Mozarts »Schauspieldirektor«

Melanie-Schnitte

250 g Zucker, 250 g gemahlene Nüsse, 6 Eigelb und 250 g Butter.

Butter über dem Wasserbad zergehen lassen, Eigelb und Zucker dazugeben.
Nüsse erst hinzugeben, wenn die Masse dicklich geworden ist. Masse zwischen Oblaten füllen.

Zitronen-waffeln

125 g Margarine oder Butter, 4 Eigelb, 1 Prise Salz, abgeriebene Zitronenschale, Saft von 1/2 Zitrone, knapp 1/2–1 Tasse lauwarmes Wasser, 125 g Mehl, Schnee von 4 Eiweiß und 50–100 g Zucker (falls süß).

Diese Waffel muß mit großer Hitze gebacken werden.

Zitronenringe

380 g Mehl, 280 g Butter, 80 g Zucker, 1 Päckchen Vanillezucker, 1 Ei, 1 Eigelb zum Bestreichen, Saft und Schale einer Zitrone und 1 Prise Salz.

Mürbeteig ausrollen, Ringe ausstechen.

Kekskuchen

65 g Kakao, 125 g Puderzucker, 250 g Kokosfett, 2 Eier, 2 Pakete rechteckige Kekse und 100 g geriebene Mandeln.

Das zerlassene Kokosfett, den Kakao, den Puderzucker und die Eier einrühren.

Von der Schokoladenmasse zunächst einc Schicht in eine gefettete und mit Pergamentpapier ausgelegte kleine Kastenform streichen. Darauf eine Lage eckige Kekse geben. Diese mit Schokoladenmasse bestreichen und weiter abwechselnd Kekse und Masse aufschichten, bis zum Rand der Form. Die oberste Schicht sollte aus Keksen bestehen.

Gut durchkühlen lassen. Den Kuchen stürzen und in Scheiben schneiden.

Die Schokoladenmasse kann man durch Hinzufügen von geriebenen Mandeln verändern.

Schnitzbrot

10 Pfund Mehl, 5 Pfund Birnenschnitze, 5 Pfund Zwetschgen (gedörrtes Obst), 2 Pfund Feigen, 2 Pfund Rosinen, 1 Pfund Mandeln oder Nüsse, 1/2 Pfund Zitronat u. Pomeranzenschale, etwas Sauerteig, 1/2 Pfund Hefe, 8 g gestoßene Nelken, 15 g Zimt, 15 g Gewürz oder Anis und Wasser oder Wein.

Die Schnitze und Zwetschgen werden weichgekocht mit etwas Zucker und Wasser. Die Brühe abgeschüttet, die Zwetschgen ausgesteint und mit den Schnitzen in Stücke geschnitten. Die Rosinen mit Wasser oder Wein aufgekocht und die Feigen in 4 Stücke geschnitten.

Aus 5–6 Pfund Mehl, dem Sauerteig und der Hälfte der Hefe wird mit der Schnitzbrühe ein Vorteig gemacht.

Ist er aufgegangen, so wird er durchgeknetet, das Gewürz, Obst, das übrige Mehl und Hefe nach und nach hineingearbeitet. Ist der Teig aufgegangen, so formt man Laibchen und bäckt sie, wenn sie gegangen sind, auf Blechen im heißen Ofen.

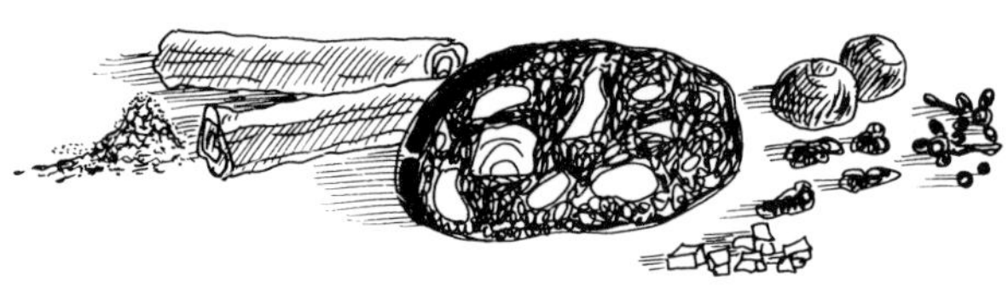

Ringelchen mit Kügelchen

Großmutters Kochrezept, das vor allem Kinderherzen erfreut

*Wir Kinder durften am Geburtstag immer unseren Lieblingswunsch zum Mittagessen äußern. Wir waren 6 Geschwister und jedes wünschte sich an seinem Geburtstag »**Ringelchen mit Kügelchen**«.*

250 g Mehl, 125 g Butter oder Margarine, 125 g Zucker, 1 Ei und Backpulver.

Das Mehl, Zucker, Butter, Ei und eine Messerspitze Backpulver werden rasch – wie zu einem Mürbteigkuchenboden – zusammengeknetet, ausgewellt und mit einem dazu besonders bestimmten Förmchen ausgestochen; aus den Ringelchen wird damit ein ***kleines Teigstückchen*** in der Mitte ausgespart:
Das ***Kügelchen*** gebacken und mit ein wenig Zucker bestreut.

Schmecken knusprig und gut. Dazu wird am besten Apfelmus oder sonst ein feines Obst gegeben.

Da von uns Geschwistern drei im November Geburtstag hatten, war der November, der sonst etwas trübe ist, unser Festmonat:
Dreimal Ringelchen mit Kügelchen!!

Berliner Hefezöpfle

Unsere »Berliner Tante« war die Schwester meines Großvaters. Von ihr stammt das Rezept für das Lieblingsgebäck unserer Familie, die »Berliner Hefezöpfle«. Jedesmal, wenn die Berliner Tante einem von uns 6 Kindern ein Geburtstagspaket sandte, warteten wir gespannt auf die Hefezöpfle. Wenn andere Leute meinten, das seien ja die hier üblichen Flachswickel, dann protestierten wir heftig, denn sie schmeckten ja viel besser. Ich backte sie selbst noch oft für meine Gäste, und das zu ihrer Freude.

3 Pfund Mehl, 50-60 g Hefe, knapp 3/4 Liter Milch, 3 Eier, 250 g Butter und grober Kristallzucker.

Aus 1 1/2 Pfund Mehl, der Hefe und der Milch einen flüssigen Vorteig rühren: Diesen gehen lassen. 1/2 Pfund Butter mit 3 Eiern schaumig schlagen. Ist der Vorteig reif (das heißt, wenn Bläschen aufsteigen), kommt die schaumig gerührte Masse hinein und wird mit dem übrigen Mehl zu einem festen Teig verarbeitet.

Man wälzt kleine Teigrollen in grobem Zucker, dreht sie zu kleinen Zöpfen, läßt sie auf dem Blech 1/2 bis 1 Stunde gehen und bäckt sie hellbraun heraus.

In einem kleinen Dorf in der Nähe Berlins schlug eine Mutter kräftig auf ihren kleinen Sohn ein, der mörderisch zu brüllen anfing. Ein älterer Herr, der gerade vorbeikam, fragte, was denn der Bengel so Schlimmes getan habe. Da sagte die Mutter: Er hat eine Henne aus dem Stall gelassen!

Nun, sagte der Herr, aber gute Frau, das ist doch nicht so schlimm, die Hühner finden immer wieder in den eigenen Stall zurück!

Die Mutter drosch weiter auf ihren Jungen ein und rief: Deswegen ja jrade, jrade deswegen!!

Butter-Kipfel

Erster Teig:
280 g Butter, 170 g Mehl, Zutaten vermengen.
Zweiter Teig:
170 g Mehl, 2 Eigelb oder 1 Ei, 3 Eßlöffel Zucker, Hefe und Milch.
Füllung: Marmelade

Zutaten vermengen und dabei die Hefe mit Milch befeuchten. Es soll ein leichter Teig entstehen. Teig ausrollen und dann den Butterteig hineinwellen. Dreimal je nach einer halben Stunde wiederholen. Ausgewellten Teig zu kleinen Vierecken schneiden, mit Marmelade füllen und zusammenkleben. Kipfel hellgelb backen und mit Puderzucker bestreuen.

Salon-Kipfel

Teig:
300 Gramm Mehl, 250 Gramm Butter, 4 Eigelb, 1 Prise Salz, 3 Eßlöffel Rahm.
Fülle:
4 Eiweiß, 250 Gramm Puderzucker, 250 Gramm gemahlene Haselnüsse, 1 Päckchen Vanillezucker.

Teig: Zutaten zu einem Teig kneten, Teig in vier Teile schneiden und über Nacht liegen lassen.
Fülle: Eiweiß zu Schnee schlagen, Puderzucker, Vanillezucker und Haselnüsse unterheben.
Teig auswellen, Quadrate schneiden, Füllung reinlegen. Kipfel wickeln. Dann hellgelb backen und heiß mit Puderzucker bestreuen.

Königsberger Marzipan

Ostpreußen

Das Königsberger Marzipan wurde in Ostpreußen in den bäuerlichen Haushalten zur Weihnachtszeit selbst hergestellt.

1 Pfund süße Mandeln, 7 Stück bittere Mandeln, 1 Pfund Puderzucker, Rosenwasser, Eiweiß und Zitrone.

Das zusammengemischte Marzipan dünn ausrollen und Figuren ausstechen. Um den Rand der Stücke ein Rändchen – etwa 1/2 cm hoch – mit Eiweiß aufkleben. Einige Tage trocknen lassen. Dann mit nicht zu starker Oberhitze backen.

In Ostpreußen wird dazu der große Kachelofen im bäuerlichen Wohnzimmer mit Strauch geheizt und eine Pflugschar in die glühende Asche gelegt. Vor dem Ofen auf einer Bank werden Ziegelsteine auf die Pflugschar mit einer Zange gelegt. Die auf schmale Brettchen gelegten Marzipanstücke hält man zum Bräunen darunter.

Dann mit Zitrone angerührter Puderzucker in die Stücke hineingießen und mit verschiedenfarbigen Geleestücken verzieren.

Die kleine Lampe

Es steht in meinem Zimmer
ein Lämpchen auf dem Pult,
das hat einen freundlichen Schimmer,
das hat eine lange Geduld;

ist emsig, mir zu dienen,
hat oft, wenn alles schlief,
manch süße Dummheit beschienen
und manchen Liebesbrief.

Es hat in einsamen Jahren
so treu für mich geglüht;
und jüngst hab ich's erfahren,
das Lämpchen hat auch – Gemüt.

Es kam zu heimlicher Feier
die Kleine – zum ersten Mal,
Gesichtchen tief im Schleier,
die Schultern tief im Schal.

Sie kam so scheu, so schüchtern,
sie stand so fluchtbereit –
mein Herz war nicht mehr nüchtern
vor so viel Seligkeit.

Wir saßen beim roten Weine,
sie flüstert: Jetzt muß ich nach Haus –
da ging die kluge, kleine,
taktvolle Lampe aus.

(Geduld = Schatten)

Rudolf Presber

Schwarzer Tee-Ersatz

(ein Rezept aus dem 1. Weltkrieg)

Brombeerblätter, Himbeerblätter und Stachelbeer- oder Johannisbeerblätter.

Gut getrocknet, zerrieben und gemischt ergibt dies einen Tee, der im Geschmack dem schwarzen Tee gleicht.

Am Teetisch

Sie saßen und tranken am Teetisch
und sprachen von Liebe viel.
Die Herren, die waren ästhetisch,
die Damen von zartem Gefühl.

»Die Liebe muß sein platonisch!«
der dürre Hofrat sprach.
Die Hofrätin lächelt ironisch,
und dennoch seufzet sie »Ach!«

Der Domherr öffnet den Mund weit:
»Die Liebe sei nicht so roh,
sie schadet sonst der Gesundheit.«
Das Fräulein lispelt: »Wieso?«

Die Gräfin spricht wehmütig:
»Die Liebe ist eine Passion!«
und präsentieret gütig
die Tasse dem Herrn Baron.

Am Tische war noch ein Plätzchen,
mein Liebchen, da hast du gefehlt;
du hättest so hübsch, mein Schätzchen,
von deiner Liebe erzählt.

Heinr. Heine

Omelett

aus der
Sächsischen Schweiz

4 Eier, 100 g Zucker, 20 g Maismehl, weniger als eine Prise Salz und einen Eierbecher voll Milch.

Das Maismehl mit Zucker, den Eidottern, der Milch und dem Salz vermengen – der Teig soll ziemlich flüssig sein, denn er wird beim Backen fest.
Den Schnee von den 4 Eiweiß unter den Teig sanft mengen.

Das Umwenden nicht in der Luft vornehmen, sondern das auf der einen Seite gebackene Omelett auf einen Topfdeckel gleiten lassen und diesen dann über der Pfanne umkippen, so daß das Omelett mit der noch nicht gebackenen Seite in die Pfanne rutscht. Die Pfanne muß dem Omelett entgegenkommen. Als Bratfett möglichst Butter verwenden.

Vorsicht, Backzeit ist sehr kurz!!

Zu Omletts

Ein Musikus in großer Not,
viel Lieb im Bauch und wenig Brot,
zog einstmals aus zum Frein.

Und Karoline Zifferblatt
aus Oberhintertupferstadt
die sollt die Seine sein.

Er zog sein bestes Frackerl an
und schwang sich auf die Eisenbahn
mit einem heil'gen Schwur.
Er hatte einen Blumenstrauß,
den rupfte er höchst selber aus
auf des Herrgotts weiter Flur.

Die Karoline stand am Herd,
dieweil ein solcher Goldes wert,
und backte Omletts raus.
Der Musikus fiel auf die Knie
und bettelte: »Ich liebe Sie!«
Und zückte seinen Strauß.

Das Jüngferlein war hochbeglückt
und hat ihn selig angeblickt
und schmoss sich an den Hals,
den er ihr keck entgegenbot
mit seinem Schlipserl blau-grün-rot,
wie der Auerhahn auf Balz.

Da qualmt es plötzlich ringsumher,
das war ein Omlett ungefähr,
das sie nicht rausgeholt.
Sie dachte längst nicht mehr daran,
die Liebe ist kein leerer Wahn.
So ist das Dings verkohlt.

Da fuhr's ihr in den Kopf hinein,
das muß ein schwarzes Omen sein,
entsagte rasch dem Glück.
Sie gab ihm seinen Blumenstrauß –
der Musikus sah bläßlich aus
und griff nach einem Strick.

An einer Türklink' hängt er nun,
von seinem Schreck sich auszuruhn,
o gitt, wie furchtbar früh!
Seht ihr ein Mägdlein backend stehn,
ich rat Euch, helft ihr Omletts drehn
und fallt erst dann aufs Knie!!!

Wilh. Johndorf

Anhalter-Kuchen

Ostpreußen

250 g Butter oder Margarine, 6-8 Eier, 250 g Zucker, 250 g Mehl, 1 flacher Teelöffel Backpulver, abgeriebene Zitronenschale, Puderzucker und 1 Teelöffel Rum.

Fett schaumig schlagen, Eigelb und etwas Zucker unterrühren, dann Mehl, Backpulver, Rum, Zitronenschale und zuletzt den Eischnee darunter. In einer Sandkuchenform oder aufs Blech gestrichen bei mäßiger Hitze goldgelb backen. Mit Puderzucker bestreuen und in Stücke schneiden.

Es ist ein Dauersandkuchen, den man längere Zeit in einer Blechdose frischhalten kann.

Anhalterkuchen heißt es deshalb, weil er einem Besucher, der um die Hand der Tochter anhalten will, von der Hausfrau angeboten wird, ehe der Vater noch zugegen ist, was dem Besucher anzeigt, daß er gewinnen wird. Wird ihm kein Anhalterkuchen angeboten, so wird er vergebens um die Hand der Tochter bitten.

Möhren-Kuchen

6 Eier, Saft und Schale einer 1/4 bis 1/2 Zitrone, 240 g Zucker, 300 g rohe, geriebene Gelbrüben, 300 g geriebene Mandeln oder Haselnüsse, 1 Messerspitze Zimt, 2 1/2 Eßlöffel Mondamin oder Maizena und 1 1/2 Eßlöffel Rum.

Eigelb, Zucker und Zitrone dick schaumig rühren, die Gelbrüben einige Zeit mitrühren. Zuletzt Zimt, Mondamin, Mandeln, Rum und Eischnee abwechselnd lose unterziehen.

In vorbereiteter Form (gut fetten!) 60 bis 90 Minuten (je nach Ofen) backen. Dann mit einer Rumglasur überziehen.

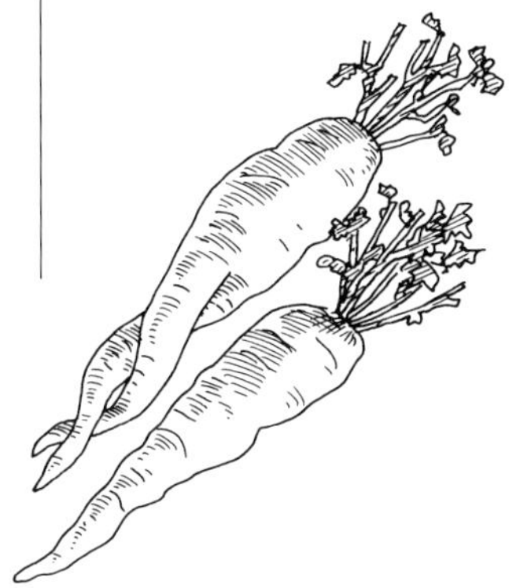

Ehestands-kuchen

Verrühre **zehn Eier** in einer Schüssel Raum.
Heb auf das Weiße der Eier zu einem steifen Schaum.

Ein **halb Pfund Zucker** muß Du fleißig damit rühren,
man darf gar wohl das Süße des edlen Ehstands spüren.

Acht Loth von süßen Mandeln, vier bittre Loth *) dazu,
drum heißt man's Ehstandskuchen, die stoße fein im Nu.

Zitronensaft und -schale rühr in die Masse ein,
ganz ohne Säure wird selten wohl ein Ehstand sein.

Zwölf Loth von feinem Mehle rühr ein mit leichter Hand,
solider Zutat braucht es ja stets zum Ehestand.

Am Schlusse meng darunter auch noch den steifen Schaum,
zur festen Lebensmasse gehört ein wenig Traum.

Und ist er wohl gelungen, so wird er sicher munden.
Gib acht, es hat das Süße das Bittre überwunden.

Ottilie Wildermuth

*) 1 Loth = 15 Gramm
statt bittre Mandeln = Bittermandelöl

Wir haben den Ehestandskuchen einmal gebacken. Für heutigen Geschmack ist er zu kompakt, und es sind zu viele bittre Mandeln drin.

Emma Gmelin

WEIN

Es ist ein Sonderbares mit dem Weine,
er funkelt golden, und der Becher klingt.
Er netzt die Kehle, die zu seinem Lobe
das schönste Preislied an der Tafel singt.

Er eint der Freunde Schar mit starken Banden,
es steht der Teufel selbst in seinem Sold,
doch wenn der Kelch zur Neige leergetrunken,
kling-klang, verflüchtigt sich das Gold.

Und was bleibt übrig, kommt der Morgen,
von all dem funkelklaren goldnen Wein?
Ein Blick auf gestern und ein Blick auf heute
ein Kater grau mit einem
langen Schwänzelein.

W. Jondorf, Wien

Das
Neueste
KOCHBUCH
für die
PUPPENKÜCHE.
Leipzig, Verlag der Expedition des Campe schen Robinson.

*Silepup**

1 Obertasse süße Sahne, 1/2 Obertasse weißen Wein, ein bißchen Zitronensaft, 1 1/2 Loth klaren Zucker.

Alles zusammen in einen Topf gequirlt bis es schäumt. Diesen Schaum in Gläser oder Tassen füllen.

1 Loth = 15 g

*Weinsauce** oder *Chaudeau*

1 Obertasse weißen Wein, etwas klaren Zucker, Zitronenschale und zwei Eier kalt zusammengequirlt.

Den Topf dann in ein Casserol mit kochendem Wasser gesetzt und fortgewährend gequirlt, bis es ein dicker, steifer Schaum wird.

Als Sauce zu Mehlspeisen oder in Gläsern als Glühwein gegeben. Ebensogut aus rotem Wein zu bereiten.

Aepfelsuppe *

4-6 Aepfel, ganzer Zimt, Zitronenschale, 1 Kaffeelöffel Kartoffelmehl, Wein, Butter und geröstete Semmel oder Zwieback.

Aepfel in Scheiben geschnitten, in einen Topf getan, mit etwas ganzem Zimt und Zitronenschale gekocht.

Sind die Aepfel ordentlich weich, durch ein feines Sieb gerührt, gehörig versüßt und aufkochen lassen.

Das Kartoffelmehl in etwas Wein, oder habt ihr diesen nicht, meine Kinderchen, etwas Wasser – gequirlt, und die kochende Suppe damit abgezogen; dann mit in Butter gerösteter Semmel oder Zwieback angerichtet.

* Rezept wurde aus dem „Kochbuch für die Puppenküche" entnommen.

Ein Süppchen mit Rippchen,
ein brutzliges Brätchen

mit süßem Salätchen.
Ein Reis-chen, ein Speis-chen

mit Zucker und Stern.
Das eß ich so gern!

Aus dem Werk der sächsischen Mundartdichterin Lene Vogt entnehmen wir folgenden Dialog zweier sächsischer Hausfrauen.

(Beim Lesen der gedruckten sächsischen Sprache empfiehlt es sich, laut zu lesen, denn so wird manches Unverständliche erst verständlich)

»Leipziger Hausfrauen unter sich«

»Ich weeß gar nich, mei Alder, där wärd mit jeden Daache määglicher mits Essen. Da gann'ch uffn Disch bring, was'ch will, där schtochert drinne rum un hat was dran auszusetzen. Mal isses zu milde, mal isses zu gewärzt. Un dann wieder dutr so, als dätr iberhaupt nich rausgriechen, was mei Gegochtes sin soll. So was is doch gradezu beleidchend fier ä feinfiehliches Weib mit änner vierunzwanzichjährchen Braxis:«

»Allerdings, meine Gudste, das isses. Da hammse än schwärn Schtand. Ich berseenlich gennte ja da nu nich glaachen iber mei Maxe. Där macht sich iber alles mid Abbedid här. Ich gloowe, wenn'ch dän än weechgegochten Scheierlabben vorsetzen däte, dän wärde där gude Gärl ooch verdilchen.
So ä Verdraun hat där Mann zu sein Lieschen.«

»Sähnse, das nenn'ch änne wärklich glickliche Ehe.«

Weil wir leider unsere Mütter nicht mehr fragen können,
ob wir wohl alle Rezepte richtig aufgeschrieben haben,
hat die »Aktivierungsgruppe« unseres Altenheims alle
Rezepte »nachgekocht« und nötige Korrekturen
vorgenommen.
Sie dürfen also bedenkenlos nach den Rezepten kochen,
braten oder backen;
Sie werden begeistert sein, wie gut das »Was Mutter
einstens kochte« auch heute noch schmeckt!

Wumbo, Kannibalenhäuptling,
war berühmt in seinem Reich:
im Skalpieren Festlandsieger
und im Schleudern auch zugleich.

Rassig seine Wumfemina,
edles Menschenfresserweib,
Krone seines Wum-Wum-Stammes,
zwanzig Kinder trug ihr Leib,
Europäervorderzähne
schmückten aufgereiht den Hals,
war ihm Hüterin der Hütte
und Bereiterin des Mahls.

Wumbo nahm von der Platane
Schleuder, Pfeil und Bogen ab
Wumfemina sah, daß Wumbo
in den Jagdgrund sich begab.

Und sie sprach: »Ich wittre Leute!
Glück sei, Wumbo, Deinem Schritt!
Sage, Wumbo, bringst Du heute
jemanden zum Essen mit?«

(sg)

Entstehungsgeschichte

Die Idee, ein Kochbuch zu machen, entstand schon 1988, nachdem der Erzählband »Abendsonne«, eine Geschichtensammlung von Bewohnern des Hauses im Schelmenholz, erschienen war. Die Arbeit an diesem Geschichtenbändchen hatte den Beteiligten so viel Freude bereitet, daß sie gleich wieder ein neues Buch in Angriff nehmen wollten.

Was lag da näher, als ein Kochbuch zusammenzustellen, konnte man doch, was die Kochkunst angeht, auf den Erfahrungsschatz von Bewohnern zurückgreifen, deren Kenntnisse und Geheimnisse tausendjährige Erfahrung barg, zählt man das Alter aller Bewohner zusammen.

Redaktionskonferenz

Der Idee folgte die Tat. Der Heimbeirat, die Vertretung aller Heimbewohner, trat zusammen und beschloß, alle Bewohner schriftlich um Mithilfe zu bitten. Heimleitung und Mitarbeiter des Hauses standen voll hinter dem Projekt.

In der Verwaltung wurden alle Rezepte gesammelt: Einige wurden mündlich »abgeliefert«, d. h., sie mußten mitstenografiert werden, die meisten wurden handschriftlich eingereicht.

Frau Sieglinde Gebhardt, die schon beim Geschichtenbändchen federführend war, war auch dieses Mal für den organisatorischen Ablauf des Projektes »Kochbuch« verantwortlich. Sie redigierte die Manuskripte, ordnete sie und kümmerte sich um den »literarischen« Teil. Viele Gedichte und Erzählungen steuerte sie selbst bei.

Dann kam der kulinarische Höhepunkt: Alle Rezepte wurden nachgekocht. Jeden Mittwochvormittag trafen sich die Mitarbeiterinnen der Aktivierung mit den Bewohnern in der Stationsküche, die sofort den Spitznamen »Schelmenholzer Kochstudio« bekam, um ans Werk zu gehen. Ein halbes Jahr lang wurde gekocht, gebacken und gebraten. Allen hat es riesig Spaß gemacht. Ungefähr 20 Bewohner nahmen an den Aktionen teil. Gerade für die Bewohner aus dem Pflegeheim war das Kochen eine willkommene Abwechslung.

Aber nicht nur das Kochen hatte Spaß gemacht, auch die Mitarbeiter der Stationen haben immer mal reingeschaut, genascht und somit dem Ganzen die richtige Würze gegeben. Unvergessen bleibt allen das Waffelbacken: Bewohner und Mitarbeiter standen Schlange vor dem »Schelmenholzer Kochstudio«.

Die Atmosphäre bei der Arbeit war entspannt und lustig. Auch wenn es manchmal Meinungsverschiedenheiten gab, was das Würzen der Speisen betraf. Es kam, wie es kommen mußte: Einiges wurde versalzen. Auch die Auswahl der Küchengeräte, die die jungen

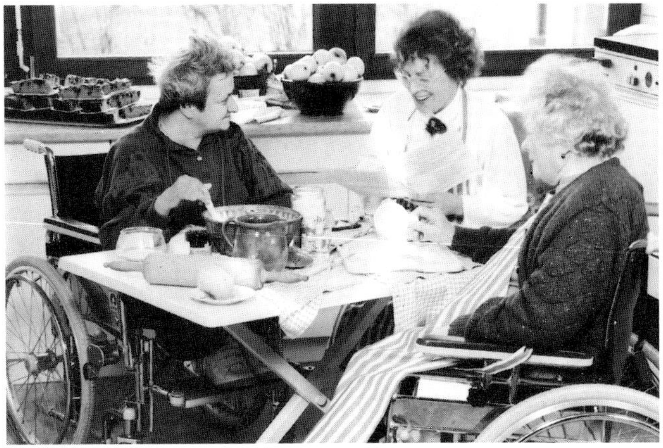

Beim Probekochen

Mitarbeiterinnen aus der Aktivierung von zu Hause mitgebracht hatten, stieß bei den alten, erfahrenen Hausfrauen auf mitleidiges Lächeln: Schnellkochtöpfe! Igittigitt!

Das schönste Kompliment bekamen alle Beteiligten von einer Heimbewohnerin, als diese etwas serviert bekam, was sie an ihre Jugend erinnerte: »Ich krieg' ein Stück Heimat wieder!«

Das Kochbuchteam

Verzeichnis der literarischen Beiträge

Impressum

Zur Sammlung der Rezepte haben beigetragen: Klara Bratinov, Magdalene Dyck, Johanna Fritz, Sieglinde Gebhardt, Emma Gmelin, Michael Gutwein, Hedwig Jehle, Irmgard Kottmeier, Dorothea Lampl, Martha Moewes, Erika Niemeyer, Eugenie Nowotny, Tochter Herta Horaczek/Wien, Marta Ostermann, Aloisia Pscheidt, Berta Raunecker, Gretel Roller, Helene Schüle, Maria Stockinger und einige Bewohner, die ungenannt bleiben wollen.
Durchgekocht und probiert wurden die Gerichte von den Mitarbeiterinnen der Aktivierung: Magdalene Schwab, Evi Mayer, Edith Ehnis.

Illustrationen: Dorothea Layer-Stahl, Winnenden
Lektorat: Sieglinde Gebhardt, Winnenden
Idee und Realisation: Diakon Ralf Oldendorf, Winnenden
Ausführung: Concept & Design Stuttgart GmbH
Redaktion: Albert Thiele, Evangelische Heimstiftung e.V., Stuttgart
Herausgeber: Evangelische Heimstiftung e.V. Stuttgart,
Direktor Albrecht Teichmann

ISBN 3-929912-05-8.
Gedruckt auf 100% chlorfrei gebleichtem Papier.